세계 최고의 인재들은 어떻게 일하는가

세계 최고의 인재들은
어떻게 일하는가

초판 1쇄 발행 · 2015년 6월 10일
초판 2쇄 발행 · 2015년 9월 25일
지은이 · 오시마 사치요
옮긴이 · 강성욱
펴낸이 · 김명호
펴낸곳 · 도서출판 머니플러스
편 집 · 장운갑
본문디자인 · 이종헌
마케팅 · 김미용, 한성호
관 리 · 김범천, 김민정

주 소 · 서울시 은평구 은평로 11길 12—11 2층
전 화 · 02—352—3272 | 02—387—4241
팩 스 · 02—352—3273
이메일 · pullm63@empal.com
등록번호 · 제311— 2004—00002호

잘못된 책은 구입하신 서점에서 교환해 드립니다.
ISBN 978—89—91113—86—2 (13320)

MCKINSEY RYU NYUSHA 1 NENME MONDAIKAIKETSU NO KYOKASHO
Copyright ⓒ 2014 by Sachiyo Oshima
Original Japanese edition published by SOFTBANK Creative Corp.
Korean translation rights arranged with SOFTBANK Creative Corp
through Timo Associates Inc., Japan and PLS Agency, Korea.
Korean edition published in 2014 by MoneyPlus, Korea.

이 책의 한국어판 저작권은 PLS를 통한 저작권자와의 독점계약으로 머니플러스에 있습니다.
신저작권법에 의해 한국어판의 저작권 보호를 받는 서적이므로 무단 전제와 복제를 금합니다.

세계 최고의 인재들은 어떻게 일하는가

오시마 사치요 지음 | 강성욱 옮김

미니플러스

| 들어가기 전에 |

세계 최강의 컨설팅 회사 졸업생은 어떻게 입사 1년 만에
'평생 사용할 수 있는 업무 기술'을 습득하는 것일까?

평생 사용하는 맥킨지 식 업무 기술로의 초대

평균 3~5년!

세계 최강의 컨설팅 회사라고 불리는 맥킨지 사원들의 평균 근무연수입니다. 필자도 마찬가지이지만 많은 맥킨지 졸업생이 동조한다고 보아도 무리는 없습니다.

"아니, 그렇게 짧단 말이야?"

당연히 놀랄지도 모르겠습니다. 하지만 현실적으로 입사 3~5년이 지나면 맥킨지를 졸업해서 회사를 차리는 사람이나 다양한 회사에서 경영이나 매니지먼트에 종사하는 사람이 드물지 않습니다.

일반적인 감각으로는 대체로 입사 3~5년이면 조직 안에서 자신에게 주어진 역할을 하면서 신입사원에게 좋은 선배로서 업무를 수행하는 직위에 있을 것입니다.

그런 시기에 창업이나 경영, 매니지먼트와 같은 분야에 진출한다는 것은 대단히 우수한 사람이 아니면 현실적으로 불가능한 일일지도 모릅니다.

그럼에도 맥킨지 졸업생이 짧은 기간에 다양한 분야에서 즉시 두각을 나타낼 수 있는 이유는 무엇 때문일까요?

실은 그 비밀 중 하나가 맥킨지가 독자적으로 쌓아온 '신입연수 프로그램'에서 배우는 업무 기술에 있습니다.

그것은 단순한 신입연수가 아닙니다.

연수를 수료하면 바로 컨설팅 비즈니스 최전선에 투입되어 다양한 과제를 맡아서 '스스로 해답을 찾아내는 스킬'을 철저하게 배우는 것입니다. 그 기술을 OJT(On the Jop Training = 실제 업무에서 필요한 기술, 능력, 지식, 또는 태도와 가치관 등을 습득해가는 것)를 사용해서 맥킨지 식 업무기술로 체득해가는 것입니다.

이것이 있기 때문에 근무연수에 개의치 않고 세계 어디를 가더라도 "맥킨지 졸업생은 대단하다."라는 평가를 받으며 업무능력을 갖출 수 있습니다.

필자가 이 책에서 가장 전하고 싶은 것은 '맥킨지의 신입연

수 프로그램 내용과 업무기술은 대단하다.'라고 하는 점이 아닙니다. 맥킨지의 신입연수를 통해서 무엇을 할 수 있는가?「So What?(그래서 무엇을?)」, 어째서 그렇게 말할 수 있는가?「Why So?(왜 그런가?)」를 책 속에서 함께 밝히고, 여러분이 평생 사용할 수 있는 '맥킨지 식 업무기술'을 배우기를 바랄 뿐입니다.

이를테면 제가 맥킨지의 신입 시절에 상사나 선배 혹은 동료로부터 배우고 회사의 사풍을 통해서 익히고 습득한 문제해결 기술과 마인드 세트가 그것입니다. 그를 위해서 여기에서 말하는 '맥킨지 식'이란 어디까지나 개인적인 견해에 근거한 것이지만 여러분이 지금부터라도 배우고 또 커다란 효과를 기대할 수 있는 스킬만을 소개했습니다.

그저 단순히 지식으로 배우는 것이 아니라 자신의 '무기'로 습득하는 것이 중요합니다. 맥킨지 하면 '문제해결 기술'과 '논리적 사고'와 같은 테크닉적인 요소가 대단하다고 생각하는 사람이 많지만 그것만으로 현장에서 문제를 해결하는 일을 직업으로 삼을 수는 없습니다.

테크닉적인 요소뿐 아니라 인간으로서의 근본적인 매력과 일에 대한 자세, 일에 대해 생각하는 방식 등과 같이 모든 것이 '맥킨지 식 문제해결'과 연결된다는 점을 반드시 명심하고 책을 읽어나가기를 바랍니다.

이렇게 말하는 맥킨지 졸업생인 필자도 문제해결과 컨설팅 업무에 대한 아무런 이미지도 없이 입사하여 신입연수에서 갑자기 달인의 스킬을 눈앞에서 목격하고 '대단하다!'라고 하는 감상밖에 없었습니다.

아마도 '맥킨지의 업무 기술의 어디가 대단한가?', '나도 사용할 수 있을까?'라고 의문을 가지고 계신 분들과 똑같은 입장에서 맥킨지 생활을 시작했던 것입니다.

그렇지만 어떤 상황에서도 문제해결의 방향성을 도출해내고 업무에서 성과를 얻을 수 있었던 것은 '맥킨지의 신입연수 프로그램'이 피와 살이 되는, 결실을 얻을 수 있는 과정이었기 때문입니다.

맥킨지 식 사고를 체험하다

맥킨지 식 '문제해결'의 기술이 어떤 것인지 전혀 상상할 수 없는 상태에서 받아들이라고 하면 전혀 감을 잡을 수 없을 것입니다. 그래서 우선 '문제해결 기술'의 전제가 되는 맥킨지 식 사고를 잠깐 의사체험해보도록 하겠습니다.

여기에 두 개의 정보가 있습니다.

"신상품의 판매현황이 좋다."
"신상품의 판매현황이 나쁘다."

이 두 개의 정보 중에 과연 어느 쪽이 중요할까요?

만일 여러분이 자사의 신상품의 판매 데이터를 보고 있다고 하고 "판매현황이 좋다.", "판매현황이 나쁘다."라는 감상밖에 갖지 못한다면 조금 위험합니다. 사실은 이 두 개의 정보는 중요한 듯 보이지만 전혀 중요하지 않습니다.

맥킨지 식으로 말하자면 양쪽의 정보에는 「So What?(그래서 무엇을?)」과 「Why So?(왜 그런가?)」라는 요소가 빠져 있기 때문입니다.

신상품의 판매현황이 좋든 나쁘든 거기에는 반드시 '요인'이 있습니다. 그리고 요인을 알면 대책도 필요해집니다.

'판매현황이 좋다 → 예상보다 폭넓은 연령층이 좋아하는 것이 요인 → 생산 체제를 늘릴 필요성을 검토'할 필요가 있을지도 모르며, '판매현황이 나쁘다 → 중년층에 인지도가 낮다 → 중년층에 맞는 프로모션이 필요'할지도 모릅니다.

어느 쪽이든 이 사실을 기초로 해서 어떤 행동을 취할 것인가 하는 생각이 들어야 비로소 '정보'라고 할 수 있다는 것이 맥킨지 입사 1년차부터 철저하게 배워야 할 사고방식입니다.

다시 말하자면 앞이 보이지 않는 상황, 정답이 없는 문제에 대해서 '다양한 사실과 정보를 통해 자신은 어떻게 해야 할 것인가.'라는 해답(구체안)을 도출하는 것이 중요한 것이지 단순히 정보를 모으기만 해서는 안 된다는 것입니다.

맥킨지는 전 세계의 회사와 조직의 '아무도 정답을 모르는' 문제를 해결하는 일을 업으로 삼아온 회사입니다. 문제라고 한마디로 표현하지만 그 내용은 천차만별입니다. 전혀 해답이 보이지 않는 문제도 있고 해답이 너무 많아서 어느 것이 진짜 답인지 모르는 문제도 있습니다. 또는 상황이 너무 복잡해서 무엇인 진짜 문제인지 모르는 경우도 드물지 않습니다.

예를 들어 '우리나라 경제재생의 처방전은 무엇인가?'와 같은 의뢰를 받았는데 '그걸 어떻게 알겠습니까?'라고 말하지 않는 집단이 맥킨지입니다.

어떤 문제라도 끝까지 끈질기게 조사와 분석을 하고 진짜 문제를 특정해서 거기서부터 '이런 해답이 있다!'라고 클라이언트가 깜짝 놀랄 해결책을 도출해냅니다.

또한 맥킨지에는 이른바 일반기업과 같은 사업부가 없습니다. 'One Firm Policy'라고 해서 모든 오피스가 'One Firm'의 경계가 없는 하나의 조직으로 운영되고 있습니다.

모든 오피스에서 일하는 멤버가 "클라이언트를 위해서"라는 공통의 사명을 공유하면서 같은 가치를 클라이언트에게 제공합니다. 그래서 가령 입사 1년차라고 해도 '담당하는 프로젝트의 클라이언트 이상으로 클라이언트의 업계나 업무를 이해하라.'라고 요구됩니다.

물론 신입사원이 클라이언트의 앞에서 프레젠테이션을 하는 것은 아닙니다. 파트너(임원)가 새로 개척한 클라이언트, 가령 자동차업계라고 하면 자동차업계에 관한 패키지(자료)를 70~80장 정도의 분량으로 분석하고 업계의 미래상을 시나리오로 짜서 준비합니다.

그것도 단순히 여기저기서 데이터를 간추려서 정리한 것은 금물입니다. "도대체 이걸로 무엇을 어떻게 할 작정인가?"라고 퇴짜를 맞을 것이 뻔합니다.

처음에 이야기한 것처럼 "그 데이터에서 무엇을 특정할 수 있는가."라는 분석 스토리까지 준비해야만 비로소 "수고했다, 고맙다."라는 말을 들을 수 있습니다.

입사 1년차의 신입사원이 그런 일을 할 수 있을까?

'믿을 수 없다.'고 생각하는 사람도 있을 것입니다. 실제로 이것은 대단히 가혹한 일이지만 맥킨지 사내에는 신기하게도 '엄하고 가혹한 것은 당연하다.'라는 분위기가 형성되어 있으며 그래서 '할 수밖에 없지 않아?'라는 분위기에 익숙해지게 됩니다.

그렇지만 아무리 의욕이 충만해도 느닷없이 입사 1년차의 신입사원을 전장의 최전선에 내몰아도 아무런 도움이 되지 않을 것입니다.

그래서 군대의 신병교육대와 같이 신입사원의 기초훈련이라고 할 수 있는 연수가 있고 그 신입연수 프로그램의 트레이닝에서 맥킨지 식의 '문제해결'의 기술을 철저하게 가르치는 것입니다.

필자는 '이 트레이닝이 없었다면 지금의 나는 존재하지 않았다고 해도 과언이 아니다.'라고 생각합니다.

맥킨지에 취직을 한 것은 완전히 우연이었습니다. 당시 필자는 맥킨지에 대해 '뭐가 뭔지 잘 모르지만 대단한 사람들이 있는 곳.'이라는 의식만 가지고 있었습니다.

매스컴에서 정보를 다루는 일에 종사하고 싶어서 취직활동을 하고 있을 때 우연히 텔레비전에서 오마에 겐이치(大前硏一, 전 맥킨지 아시아 태평양지구 회장) 씨가 출연한 토론방송을 보고 그의 박력에 끌렸습니다.

"앞으로는 머리의 시대, 즉 지혜와 발상이 가치가 되는 시대이다."

이 말에 깜짝 놀랐습니다.

당시는 비즈니스 프레임 워크라는 말도 아직 일반적이지 않았던 시대였고 정보를 자기 스스로 분석 가공해서 거기에서 새로운 가치를 창출한다는 것에 '왠지 나에게 맞는 일일지도.'라고 직감적으로 느꼈던 것입니다.

필자는 어느 쪽인가 하면 '비논리적'이고 지나치게 직감적인 인간으로 '될 대로 되겠지.'라는 유형이라고 할 수 있습니다.

그래서인지 지금도 그런 제가 컨설턴트, 경영자 코치로 일을 하고 있는 것은 '맥킨지의 트레이닝과 OJT가 있었기 때문'이라고 새삼 고마운 마음이 듭니다.

그와 동시에 실은 맥킨지에서 입사 1년차 때 철저하게 가르친

'문제해결'의 기술은 맥킨지의 신입사원밖에 사용할 수 없는 것이 아니라 본래 더 많은 비즈니스 퍼슨의 '비밀 도구'가 되지 않을까 생각하고 있습니다.

저도 지금까지의 캐리어에서 업무상 수많은 곤란한 장면에서 맥킨지의 입사 1년차 시절에 배운 문제해결기술과 업무기술을 사용해서 난관을 극복해왔습니다.

그것도 의식적으로 사용했다기보다 자연스럽게 자신의 스킬의 일부분으로 몸에 배어 있기 때문에, 그 상황에 가장 필요한 논리적인 사고와 본질적인 분석을 할 수 있었고, 거기에서 도출된 해결책을 주머니에서 꺼낼 수가 있었습니다.

이 책을 읽는 분에게 목표는 논리적인 사고와 본질적인 분석을 할 수 있고, '현실은 이러이러하다.'라고 훈계나 설교를 할 수 있는 사람이 되는 것이 아니라 '자, 그럼 어떻게 하면 좋을까.' 하고 해답을 이끌어낼 수 있는 사람이 되는 일일 것입니다.

자, 이제부터 그런 사람이 되기 위한 교육을 시작하도록 하겠습니다.

차 례
CONTENTS

들어가기 전에
평생 사용하는 맥킨지 식 업무 기술로의 초대 _ 4
맥킨지 식 사고를 체험하다 _ 8

제1강의

맥킨지 식 프로페셔널의 방식

고객제일주의 _ 23
어떤 상황에서도 항상 앞을 향해 _ 27
프로라면 완전한 업무는 당연 _ 30
수도승과 아티스트 센스 _ 33
맥킨지적 인간이란? _ 37
겉모습에도 신경을 쓴다 _ 40
'앙케트'를 업무로 삼아서는 안 된다 _ 47
특색 있는 장인이 되어라 _ 52
눈앞의 문제해결만 해서는 안 된다 _ 55

제2강의

맥킨지 식 문제해결의 기본 프로세스

'문제해결'이란 무엇인가 _ 61
문제해결의 기본 프로세스 _ 66
문제해결에서 중요한 사항 _ 80

특별강의

맥킨지 식 프레임 워크 입문 키트

머릿속에 프레임 워크를 그려둔다 _ 89
전체의 흐름 속에서 중요한 포인트를 파악할 때 : 프레임 워크 '비즈니스 시스템' _ 91
시장전략의 기본을 검토할 때 : 프레임 워크 '3C' _ 95
조직을 개편할 때 : 프레임 워크 '7S' _ 98
무엇을 선택해야 할지 모를 때 : 프레임 워크 '포지션의 매트릭스' _ 102
과제의 진정한 해결책을 발견하고 싶을 때 : 프레임 워크 '로직 트리' _ 104

제3강의

맥킨지 식 정보를 다루는 힘

리서치는 원전을 살펴라 _ 109
정보를 섹시하게 사용하라 _ 116
바람이 불면 오케야(桶屋)는 어떻게 되나? _ 119

제4강의

맥킨지 식 문제해결능력을 높이는 사고술

동전의 양면으로 생각해서는 안 된다 _ 125
포기하지 않는 '오타구 치카라' _ 128
오감을 맑게 하라 _ 130
릴렉스하면서 집중한다 _ 134
프레임 워크적 사고술 _ 137
자신의 틀을 벗어던져라 _ 140
사실과 의견으로 구분하라 _ 145
'질문'에서 시작하라 _ 148
그 질문의 핵심은 무엇인가? _ 151
질문의 핵심을 파악하기 좋은 질문이란? _ 153
그 '질문'은 진정한 질문인가 _ 156
전체적인 그림을 잊어서는 안 된다 _ 160
엘리베이터 테스트를 하라 _ 164

제5강의

맥킨지 식 자신의 능력을 향상시키는 방법

자신의 존재를 발휘한다 _ 169
겉모습도 중요하다 _ 174
심플한 도구를 가져라 _ 178
교본을 가져라 _ 182
판결을 내리지 않는다 _ 186
저녁보다 한 달에 점심 한 번 _ 189

제6강의

맥킨지 식 프로젝트에서 성과를 내는 능력

기간 한정으로 성과를 낸다 _ 195

좋아하지 않아도 공감과 공유를 할 수 있다 _ 198

묻기 전에 발신한다 _ 200

자신의 존재감을 발휘하는 방법 _ 205

리더의 '자질론'에 얽매이지 않는다 _ 208

혼자서 일을 끝내지 않는다 _ 211

일을 디자인하라 _ 214

'애초에 방식'을 활용한다 _ 216

미팅을 디자인하라 _ 219

나가 아닌 우리를 사용한다 _ 224

프레임 워크를 질문에 활용한다 _ 227

제7강의

맥킨지 식 프레젠테이션의 기술

프레젠테이션에 필요한 3요소 _ 233
처음부터 파워포인트를 사용해서는 안 된다 _ 236
피라미드 구조를 사용하라 _ 239
하늘·비·우산의 로직을 전달한다 _ 243
메시지를 결정화하라 _ 246
1차트, 1메시지 _ 249

맺음말 _ 253

제1강의

맥킨지 식 프로페셔널의 방식

The Mckinsey Way
Textbook for Beginners on
How to Solve Problems

LESSON 1

고객제일주의

맥킨지의 신입사원을 기다리고 있는 '신입연수 프로그램'에서는 갑자기 맥킨지 식 '진정한 업무 기술'에 대해 강연을 합니다.

먼저 케이스 스터디를 하면서 토론하거나 논리적 사고, 본질적 분석을 위한 프레임 워크의 사용 방법, 패키지라고 불리는 자료를 만드는 방법, 프레젠테이션에 빼놓을 수 없는 차트를 만드는 법 등을 대략 전수받습니다.

그런 테크니컬 스킬과 병행해서 맥킨지에 최적화된 프로페셔널의 방식도 철저하게 가르칩니다.

유명한 '이슈 드리븐(질문에서 시작하라)'이라고 하는 문제해결의 어프로치를 비롯해서 일을 할 때 사고의 대전제가 되는 '폴리시Policy'에 대해서도 배웁니다.

예를 들어 '고객제일주의'라고 할 때 이것뿐이라면 딱히 특별하다고 할 점은 없습니다. 하지만 맥킨지에 있어서 '고객제일주의'라고 하는 것은 단순한 폴리시를 뛰어넘은 훨씬 더 대단한 것이라는 사실을 신입연수에서 철저하게 배웠습니다.

가령 '클라이언트의 현장이 이러한 상황으로 곤란에 처해 있습니다.'라고 말을 할 때 '클라이언트의 담당자에게 들은 이야기'만으로 그것을 문제라고 하는 것이 아니라 '실제로 자신이 직접 현장에 가서 곤란한 상황을 체험'한 다음에 비로소 '곤란하다.'라고 말을 할 수 있습니다.

이런 행동과 태도까지 포함한 고객제일주의가 바로 맥킨지의 방식인 것입니다.

맥킨지가 졸업생을 채용하기 시작했을 즈음에 신입 러서처로 채용된 한 대선배는 보스인 오마에 겐이치 씨에게 "무조건 현장으로 가라."라는 말을 들었다고 합니다. 그것도 클라이언트의 사무실이 아니라 클라이언트의 소비자가 있는 현장으로 가라는 지시를 하는 것입니다.

어떤 운송기계의 프로젝트에서 운송기계를 사용하고 있는 사람이 어떤 생활을 하고 있으며 평소에 어떤 생각을 하면서 일을 하고 있는가를 파악하라는 지시가 떨어졌습니다.

그래서 클라이언트에게 부탁해서 운송기계를 사용하는 사람에게 밀착해서 평소의 업무에서부터 현장에서의 인간관계, 가족과 인생에 대해서까지 수많은 질문을 해서 현장에서밖에 들을 수 없었던 이야기를 들을 수 있었다고 합니다.

이것은 컨설팅에서 정보를 수집하기 위한 면접조사(인터뷰)의 일종으로 책상 앞에서 인터뷰를 하는 것이 아니라 '상대를 평소처럼 일을 하게 하면서' 하는 것이 핵심입니다.

아무래도 격식을 차린 인터뷰에서는 상대방도 준비를 해오거나 형식적인 답변만 하기 쉽습니다. 하지만 밀착해서 이야기를 듣다 보면 자연스럽게 본심을 이끌어낼 수 있습니다.

여기서 깨달은 것은 2차 정보가 아니라 자신이 직접 현장에 가서 발로 정보를 수집하고 보고 듣고 느끼고 깨달은 사실을 기본으로 사고를 발전시키는 것이 중요하다는 점입니다.

어딘가에서 들은 기존의 정보를 사용해서 클라이언트에게 제안을 해도 클라이언트의 관심과 흥미를 끌 수가 없습니다.

이렇게 말을 하면 "아니, 맥킨지는 그런 너저분한 일도 하나요?" 하며 의외라는 반응을 보이는 사람도 있는데, 많은 컨설팅 회사 중에서 맥킨지는 땀을 많이 흘리는 회사라고 할 수 있습니다.

'기능적인 오피스에서 스마트하게 일을 처리한다.'라는 관점에서 보면 이러한 행동은 분명 의외로 생각될지 모르지만 맥킨지가 클라이언트에게 제공하는 것은 단순히 책상 위에서 한 분석이 아니라 '실제로 현장 차원에서 실행할 수 있고 최종손익으로 임팩트를 줄 수 있는' '가치'가 있는 것입니다. 즉 클라이언트에게 가치가 있는가 없는가 하는 것이 중요합니다.

그런데도 클라이언트의 '곤란한 상황'을 실감하고 공유하지 않은 채 어떤 문제해결을 제안할 수 있겠습니까? 아무리 좋은 해결책이라고 해도 현장에서 아무도 거들떠보지도 않는 아웃풋을 내놓고 "클라이언트를 최우선으로 생각합니다."라고 말할 수는 없습니다.

어떤 상황에서도 항상 앞을 향해

　클라이언트의 일을 최우선으로 생각한다고 할 때, 거기에는 항상 고충도 뒤따르기 마련입니다.
　왜냐 하면 클라이언트에게 임팩트가 있는 '문제해결'을 제공한다는 것은 먼저 자신들이 거기에 이르기까지 수많은 곤란을 극복하지 않으면 안 되기 때문입니다.
　가령 이런 것입니다.
　현재 뜀틀을 13단밖에 넘을 수 없는 클라이언트에게 20단을 넘는 것이 임팩트라고 합니다.
　뜀틀을 20단 넘는 목표를 정했다면 어떻게 안전하고 확실하게 넘을 수 있을지는 자신들이 직접 몸으로 실증해야 합니다.
　자신들은 아무런 노력도 하지 않고 "논리상으로 이렇게 넘으면 괜찮습니다."라고 말한다면 클라이언트에게 리스크를 전가하는 것이나 마찬가지입니다. 그래서는 일을 하고 있다고 할 수 없습니다.

본래 클라이언트는 자신들이 해결할 수도 있지만 좀 더 고차원적인 해결책을 원하고 곤란한 상황을 타개하려는 동기에서 컨설팅을 의뢰합니다.

모든 의뢰가 어려운 과제뿐인 것은 어떤 의미에서 당연한 일입니다. 그래서 일부러 외부에 컨설팅 비용을 지불하면서 더 높은 가치를 기대합니다.

그런데 컨설턴트가 어려운 과제와 문제를 앞에 두고 뒷걸음질 치는 것은 어불성설입니다. 맥킨지의 신입사원이 그런 전후사정을 이해할 수 있을까 하고 생각할지 모르지만 그래서 신입사원 연수의 처음에 "무슨 일이 있어도 도망치지 말고 '나는 무엇을 할 수 있을까?' 생각하는 것을 잊지 말라."고 가르칩니다.

'도망치지 말라.'고 하는 교육은 신입연수 때부터 이미 시작되고 있습니다. 연수의 최종 단계인 케이스 스터디에서 토론을 위한 자료를 만드는데 이미 그 시점에서 클라이언트에게 보여도 손색이 없는 수준의 자료가 요구되어집니다.

물론 그런 자료를 작성한 경험이 있을 리 없기 때문에 마감 1

주일 전에는 모두 오피스에서 숙박을 하면서 철야(신입연수인데도!)작업을 합니다. 기한을 넘겼다고 해서 그때까지 한 것을 완성본으로 간주하지도 않습니다. 일이라고 생각하면 당연합니다. 끝까지 하는 수밖에 없고 다른 선택지는 없습니다.

어떤 상황에서도 뒷걸음질치지 않고 앞을 향해 나아갑니다. 맥킨지에서는 이 '어떤 상황에서도 항상 앞을 향한다.'라고 하는 자세는 PMA Positive Mental Attitude라고 부르며 "PMA가 중요하다."라는 식으로 자주 사용합니다.

'아무리 그렇지만 나는 그렇게까지는 못한다.'라고 생각할지 모르지만 '본래 그런 것'이라고 생각하면 다소의 어려운 일이라고 해도 해낼 수 있습니다.

반대로 그렇게 열심히 하지 않아도 된다고 생각했는데 나중에 '너무 부족해서 더 해야 하는 상황'이 되었을 때가 오히려 다시 마음을 다잡는 데 힘이 더 들지 않습니까?

프로라면 완전한 업무는 당연

보통 컨설팅 회사에서는 클라이언트에게 제공하는 아웃풋은 형식을 갖춘 보고서에 정리하지만 맥킨지에서는 그때까지의 프로세스에서도 항상 '완전한 업무'가 요구됩니다.

예를 들어 프로젝트 미팅이 1주일 후에 잡혀 있습니다. 매니저에게 그때까지 한 업계의 현상 분석을 자료로 정리하라는 지시를 받았습니다. 그런데 갑자기 다른 문제가 생겨서 그 일을 처리하느라 지시를 받은 자료를 절반밖에 준비하지 못했습니다.

보통이라면 매니저에게 그런 상황을 보고하면 "그렇다면 준비하지 못한 자료는 구두로 보고하고 나중에 완성해서 제출하라."라고 지시를 할 것입니다.

하지만 맥킨지에서는 설사 미팅 자료라고 해도 '절반밖에 하지 못했다.'라는 것은 허용되지 않습니다.

절반의 자료로 무엇을 검토할 수 있느냐는 것입니다. 그 업무에는 A부터 E까지 5가지 요소가 관계되는데 B와 C의 분석 자료밖에 없다는 것은 의미가 없다, 어떻게든 필요한 것은 미팅 때까지 철저하게 완성하는 것이 당연하다는 긴장감이 철저했습니다. 하지만 비장함은 느끼지 못했던 것이 맥킨지다운 점입니다.

'어떻게 하지! 도저히 그때까지 완성할 수 없는데.'가 아니라 기본적으로 '어떻게 하면 그때까지 끝낼 수 있을까.'라는 긍정적인 마인드 세트가 있었던 것입니다.

물론 단지 기한을 지키기만 하면 되는 것이 아닙니다. 내용의 질에도 완전한 업무가 요구됩니다.

자신은 완벽한 자료라고 생각해도 상사가 검토하면 '붉은 줄'이 그어지는 일은 다반사입니다. 신입 사이에서는 "오마에 사장님에게 자료를 제출했더니 그대로 파쇄기에 넣어버린 일도 있었다."라는 전설과 같은 이야기도 회자되었는데 '뭐, 충분히 있을 법한 이야기다.'라고 생각할 정도로 엄격했습니다.

불과 입사 1년차에 '과연 어디까지 해야 완벽한 걸까?'라는 회의가 들기도 하겠지만, 그렇다고 해서 그것을 변명으로 삼지 않는 사람들이 모인 곳이 맥킨지입니다. 정말로 머리에서 피가 날 정도로 필사적으로 달려들어서 '됐다! 이거다!'라고 하는 자신만의 인사이트(통찰)를 찾아내서 그것을 기준으로 아웃풋을 도출해냈을 때는 정말로 기쁘고 주위로부터 평가를 받을 수 있습니다.

완전한 일을 지향함으로써 얻을 수 있는 가치가 있다고 생각합니다.

가치를 계속 창출할 것인가, 나갈 것인가.

말로 표현하면 가혹할지 모르지만 잘 생각해보면 어떤 입장의 어떤 일이라도 마찬가지입니다. 메밀국수 매장에서 전통의 맛을 계승해나가는 것도 훌륭한 가치입니다. 항상 고객이 만족하는 가치를 창출해가면 경쟁에서 도태되는 일은 없을 것이기 때문입니다.

그렇다면 처음부터 '언제나 일을 완벽하게 한다.', '항상 긍정적으로 일을 하는 것.'을 당연하게 생각하는 편이 결과적으로 가치로 인해 곤란함을 겪는 일이 없을 것입니다.

이런 기본자세를 의식하는 것만으로도 일의 성과가 완전히 달라지기 때문에 여러분도 반드시 자신의 일에 대한 기본자세를 재확인해야 합니다.

수도승과 아티스트 센스

    입사 1년차라고 해도 "자신의 가치를 창출하라."라는 말을 듣는 것이 맥킨지입니다.

    가령 미팅 자리에서도 신입이라고 해서 잠자코 있는 것은 허용되지 않는 분위기가 있습니다. 주위 사람들이 깨닫지 못하는 어떤 사실을 깨닫게 하는 발언을 하는 가치를 기대하는 것입니다. 패키지라고 불리는 자료를 만들 때도 '가치'를 발휘하는 것이 당연합니다.

    졸업하고 맥킨지에 입사한 사원은 비즈니스 애널리스트라고 불립니다. 그리고 다양한 프로젝트와 리서치에 참가하는데 어느 날 해외 지사에서 "일본의 소매점 전략에 대해서 조사해 달라."라고 하는 요청이 있었습니다.

"오시마, 부탁하네."

"예? 예."

이런 간단한 대화로 제가 그 일을 담당하게 되었고 해외의 유통 소매업의 일본 진출에 관련한 리서치 일환으로 긴자銀座의 백화점 등에서 매장 면적의 실태를 조사하게 되었습니다.

그런데 백화점에서 조사를 해도 소방법 등의 관계로 인해 매장들의 자세한 면적은 가르쳐주지 않았습니다. 아마 서류상의 면적과 실제의 면적이 다르면 문제가 되기 때문인 듯했습니다.

현장 조사는 그렇게 끝이 났는데 자신이 대체 뭘 하고 있는 건지 모를 지경이었습니다. 백화점을 걸어 다니면서 이런저런 생각을 하다 '아! 이렇게 하면 될지도.'라는 생각이 떠올랐습니다.

제 보폭을 잰 다음 걸은 보폭 수를 곱하면 대략적인 수치를 얻을 수 있습니다. 그 무렵에는 아직 스마트폰의 모션센서를 사용한 어플리케이션은 없었기 때문에 조금 아날로그적인 방법 같았지만 결국 "좋은 데이터다."라는 평가를 받았습니다.

이런 행동은 개인의 '발상'과 '행동 센스'와 같은 요소를 포함하기 때문에 비논리적인 면도 있을지 모릅니다.

"왜, 그런 행동을?" 하고 물어도 그 사람밖에 떠올릴 수 없는 센스로 한 행동에는 어떤 이유가 있다고 해도 후기後記밖에 되지 않을 것입니다.

하지만 그걸로 정답인 것입니다.

맥킨지는 지나치게 논리적 사고의 이미지가 강해서 모두가 정량적인 데이터밖에 취급하지 않는 듯하지만 사실은 정말로 대단한 사람은 일종의 아티스트적 센스를 가지고 있는 사람입니다.

물론 논리적 사고와 분석하는 센스도 탁월하지만 반대로 레벨이 높으면 아티스트적인 센스로 만사를 다뤄도 논리적으로도 성립하는 아웃풋을 도출하기도 합니다.

그러한 사람들에게 논리란 '설명을 하기 위해 필요'한 것밖에 되지 않습니다.

아무리 차트나 프레임 워크를 사용해서 설명을 거듭해야만 전달할 수 있는 것에는 사람을 움직이는 진정한 의미에서의 파워는 없습니다.

그것보다 '무엇 때문인지 모르겠지만 대단하다!'라고 마음을 사로잡는 것은 아무런 설명이 없는 상태에서도 존재감이 도드라져 보입니다.

맥킨지에는 그런 식으로 사람의 마음을 사로잡는 일을 하는 선배가 많이 있어서 모두에게 높은 평가를 받았습니다. 논리라는 것은 일을 하는 데 필요한 조건이지만 충분조건은 아닙니다.

여러분의 주위를 둘러보아도 그렇지 않습니까?

말하고 있는 사실은 논리적이고 맞지만 어딘지 차가운 느낌이 들거나 석연치 않은 사람과 함께 프로젝트를 수행하고 싶지는 않을 것입니다.

논리적이고 올바른 방향으로 이끌어주고 마음을 사로잡으면서도 거기에 같은 팀이 되면 왠지 안심할 수 있는 사람, 자신이 지향하는 일이 레벨에 이르기까지 타협하지 않고 기한까지 일을 완전하게 한 다음 샤워만 하고 다시 평소처럼 출근하는 사람, 그런 사람이 맥킨지에서도 인기가 있는데 그 모습은 수도승과도 닮은 금욕적인 성향이 있었던 듯합니다.

맥킨지적 인간이란?

 일이나 스포츠에서도 마찬가지지만 문득 주위를 둘러보았을 때, '어딘지 적당히 하는 사람'밖에 없다면 어떻습니까?
 아무리 열심히 하는 사람이라도 자신도 모르게 그런 느긋한 분위기에 휩쓸리거나 모티베이션이 떨어지기 마련입니다.
 '가치를 계속 창출할 것인가, 나갈 것인가.'
 이 문제에 있어서 신입사원에게는 '와!'라는 생각이 들게 하는 분위기가 가득한 맥킨지이지만, 저와 같은 생각으로 입사한 사람도 할 수 있었던 이유는 '자신에게 엄격한 사람들'이 모인 환경이었기 때문입니다.
 일을 잘하고 싶다, 좋은 아웃풋을 만들고 싶다, 그리고 더 질이 좋은 일을 하고 싶다. 이런 식으로 항상 높은 가치를 탐구하는 사람들에게 둘러싸인 환경 속에서 저도 자연스럽게 '나도 저들과 똑같이 되고 싶다!'라고 생각했던 것입니다.

   본래 맥킨지는 그런 환경에 내던져져도 괜찮은 사람만 채용한다고 할 수 있습니다. 우수함뿐 아니라 자신이 자신을 쇼 케이스 할 수 있는 '무언가를 가지고 있는 사람'이라고 할 수 있습니다.

   오마에 겐이치 씨도 히다치日立의 원자력 엔지니어에서 다른 분야인 맥킨지(당시 갓 개설된 도쿄 사무소)로 이직했을 때에 8명의 면접관으로부터 거의 '판정불가'라는 평가를 받았고 단 한 사람에게 '◎'를 받아서 채용되었다고 합니다.

   반대로 말하면 평범하게 'O'가 많은 우수한 사람보다 다른 사람에게는 없는 '◎'가 있는 특색 있는 사람을 채용하고 있었던 듯합니다.

   우수하면서 어딘지 특색이 있고 매력적인 사람이 '맥킨지다운 사람'입니다.

   그리고 더 공통된 점이 대부분의 사람이 '무언가 자신이 직접 하고 싶다.'라고 생각하고 있다는 점입니다. 정년까지 맥킨지에서 일하는 사람은 거의 제로에 가깝습니다.

   항상 위를 지향하고 업무에서 확실한 성과를 내기 위해 어떤 상황에서도 싸울 수 있는 무기와 전술을 신입 시절부터 철저하게 익힘으로써 처음에 말한 것처럼 입사 3~5년 만에 독립하는 사람도 많이 있었습니다. 또 경영, 매니지먼트 분야에 진출하는 사람도 드물지 않아서 저도 자연스럽게 "그렇게 되고 싶다."라고 생각하게 되었습니다.

덕분에 지금과 같이 앞을 예측할 수 없는 시대에도 '두려움'은 없습니다.

새로운 일, 새로운 도전, 또는 곤란한 문제에 직면했을 때 '두렵지 않다.'라고 하는 것은 그것만으로도 강점이 됩니다.

맥킨지 식 '문제해결' 기술의 진정한 강점은 기술을 익힌 사람이 어느 순간 흔들림 없고 강하고 달관한 정신력까지 갖추게 되는 점이라고 할 수 있습니다.

'문제해결' 기술은 향상됐지만 새로운 일이 무서워서 도전하지 않는 것은 안타까운 일입니다. 자신을 강하게 단련한다는 의미에서도 반드시 맥킨지 방식을 참고로 하기를 바랍니다.

겉모습에도 신경을 쓴다

맥킨지는 하나의 확립된 브랜드입니다.

그 이름 속에는 일에 대한 기본자세와 자질 등과 같은 모든 것이 응축되어 있습니다.

입사 1년차의 신입이라고 해도 그 브랜드를 체현하는 데에는 변함이 없습니다. 옷이나 소지품, 클라이언트 앞에서 사용하는 볼펜 한 자루도 '적당'한 것은 지니지 않고 사용하지 않는 분위기가 있었습니다.

물론 소지품이 일을 대신해주는 것은 아닙니다. 하지만 세부적인 부분까지 신경을 쓰고 상대에게 주는 인상에도 신경을 쓰는 자세는 결국 업무의 질과도 이어지고 클라이언트에게도 영향을 줍니다.

맥킨지 사람들은 그 점을 이해하고 있기 때문에 소지품에도 일류에 집착하는 사람이 많았습니다.

저희들 같은 신입 비즈니스 애널리스트도 각국의 BA(비즈니스 애널리스트)가 뉴욕에 모이는 자리가 있었을 때 모두 동경하던 하트만의 공공칠 가방을 샀던 기억이 있습니다.

브랜드를 체현한다는 점에서 프레젠테이션 자료를 만드는 방법에도 '맥킨지 방식'이 곳곳에 나타납니다.

상세한 프레젠테이션 자료 기술에 대해서는 제7강의에서도 언급하겠지만, 맥킨지에서는 자료를 만드는 방법에도 세계의 맥킨지 공통의 노하우와 룰이 숨겨져 있습니다.

예를 들어 자료의 메시지에 대한 이해를 촉진시키기 위해 차트의 시간축은 왼쪽에서 오른쪽으로 하는 것이 기본입니다.

또한 그래프의 데이터에는 반드시 인과관계가 쓰여 있거나 차트 등에는 반드시 출처가 표기되어 있고, 차트의 무엇이 포인트인가를 간결하게 표현하고 리드 문장은 필수라고 하는 것이 절대 룰입니다.

세세하게 열거하면 이런 것까지! 하고 느낄 정도로 세부에 대한 집착이 많지만 그런 점까지 집착하기 때문에 '한눈에 보아도 무엇을 전달하고 싶은지 알 수 있다.'라고 하는 맥킨지 식 자료가 완성되는 것입니다.

입사 1년차의 신입에게도 자료에 대한 중요성을 철저하게 가르칩니다. 물론 처음부터 '좋은 자료'는 만들 수 없습니다. 제가 악전고투해서 만든 차트를 당시 '차티스트'라고 불리던 차트 전문가에게 보이자 "대체 무엇을 말하고 싶은 건가? 이래서는 차트라고 할 수 없다."라고 모두 반환되었습니다.

그리고 차티스트가 "이런 경우에는 이런 차트가 빨리 이해할 수 있다."라고 붉은 볼펜으로 수정한 차트를 보자 제가 만든 차트보다 몇 배는 알기 쉽고 뛰어났습니다.

파워포인트를 사용하면 누구나 '그럴듯한 차트'를 간단하게 만들 수 있습니다. 하지만 그 차트가 단숨에 상대방의 마음을 사로잡을 수 있는지는 별개의 문제입니다.

중요한 것은 '자신이 만들고 싶은 차트를 만드는 것'이 아니라 '상대방이 이해할 수 있는 차트를 만드는 것'입니다.

저도 많은 프레젠테이션 자료의 차트를 보았지만 대부분 차트 자체에 대한 정보가 많고 게다가 복잡하게 그려져서 이해하는 데 고생을 하는 경우가 많습니다.

가령 다음과 같은 자료의 차트라면 A와 B의 어느 쪽 차트가 이해하기 쉬울까요? 이 차트에서 전달하고자 하는 메시지는 'A사의 출현이 위협이 되고 있으며 일본과 미국의 양국 시장에서의 셰어 안정을 위해 당사는 한층 노력할 필요성이 있다.'입니다.

「차트 A에 대한 고찰」
* 얼핏 보아도 무엇을 어떻게 읽고 이해해야 하는지 알기 어렵다.
* 본래 이 차트에서는 자사와 경쟁관계의 3사의 일본 시장, 미국 시장에서의 셰어의 추이를 전달하려고 했는데 그 의도가 전달되지 않는다.

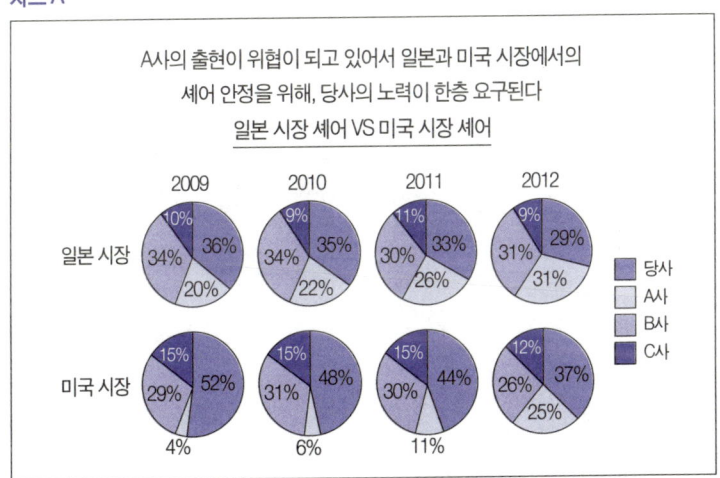

차트 A

「차트 B에 대한 고찰」

* 일본 시장, 미국 시장에서의 자사와 경쟁관계 3사의 셰어 추이가 알기 쉽다.
* 각각의 셰어의 내역도 잘 알 수 있다.
* 연결선과 음영을 효과적으로 사용해서 차트의 의도가 한층 쉽게 전달되도록 되어 있다.

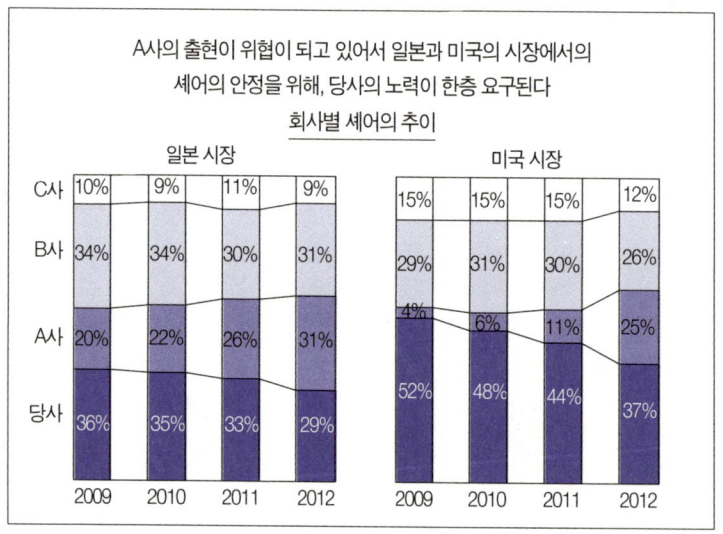

비교해보면 전달하고자 하는 메시지가 시각적으로 알기 쉽게 전달하고 있는 것은 차트 B의 방식입니다.

"신은 세부에 깃들어 있다."라는 말처럼 세부에 집착하고 전달하고자 하는 점을 명확하게 함으로써 보는 사람의 눈길을 사로잡는 자료가 되는 것입니다.

　이러한 집착을 귀찮다고 느끼는 사람도 있을지 모릅니다. 하지만 뛰어난 것에는 반드시 그럴만한 이유가 있습니다.

　맥킨지가 '겉모습'에 집착하는 것도 거기에 이르기까지의 프로세스를 포함해서 세세한 부분까지 확실하게 짚어내는 일을 하기 때문에 나중에 '목표 레벨에 도달하지 못하거나 기대했던 결과를 얻지 못하게 되는 것'을 방지할 수 있기 때문입니다.

　보통의 업무에서도 세세한 부분을 분명하게 짚어내는 일은 여러 가지 면에서 좋은 결과로 이어집니다. 메일의 제목, 메모나 회의 자료에서도 반드시 어떤 자료인지, 한눈에 들어오고 이해할 수 있는 제목을 붙이는 것도 마찬가지입니다.

　회의 자료에서 '사내의 에너지 절약 대책에서의 비용대비효과'라는 제목보다는 '공간 온도 플러스 2도로 연간 100만 원 비용 삭감'이라는 편이 전달하고자 하는 의도와 오해를 줄일 수 있습니다.

　자료의 내용이 좋기 때문에 읽으면 이해할 수 있다고 생각할지 모르지만 상대방이 바쁜 사람이라면 내용을 전부 읽을 시간이 없을 수도 있습니다.

프레젠테이션 자료의 제목과 리드문장을 잠깐 보기만 해도 '무엇을 말하고자 하는지 알 수 있고', 그 위에 '이건 중요한 내용이다.'라고 상대방을 사로잡기 위한 습관을 빨리 익히는 것이 좋습니다.

'앙케트'를 업무로 삼아서는 안 된다

맥킨지 식 문제해결의 기술은 암기하는 것이 아니라 성과를 얻기 위해 사용하는 것입니다. 그를 위해서 다양한 프레임 워크를 사용해서 분석하고 단순한 정보가 아닌 '부가가치가 있는 정보'를 도출하는 것의 중요성을 철저하게 배웠습니다.

학교 공부라면 프레임 워크를 올바르게 암기하면 평가를 받겠지만 업무 현장에서는 문제해결 기술을 활용해서 '부가가치가 있는 정보'를 도출하지 않으면 클라이언트에게 임팩트를 제공할 수 없습니다. 여기서 중요한 것이 맥킨지 식 사고방식인 「So What(그래서 어떻게?)」을 철저하게 관철하는 것입니다.

이 점을 입사 1년차에 실제로 배운 프로젝트가 있습니다.

외식 관련의 한 회사가 새로운 식재료를 카페 업태에서 전개하는데 있어 예비조사를 하는 프로젝트에 참가하게 되었습니다.

3~4명이 팀을 이루어 담당했는데 주로 제가 한 일은 새로운 식재료를 사용한 새로운 업태가 과연 어느 분야의 소비자에게 이용되는가, 어떤 스타일로 판매가능한지를 명확하게 밝히는 일이었습니다.

F1층이라고 불리던 20~30대 전반의 여성인지, 아니면 30~40대 남성이 주 고객인지, 여기에 따라서 점포 전개의 방식과 메뉴 개발, 점포 디자인, 접객 서비스 등 모든 것이 달라집니다.

하지만 여기에도 함정이 있었습니다. 실제로 음식점을 잘 관찰하면 알 수 있지만 젊은 여성과 비교적 성인 남성, 양쪽 모두 좋아하고 이용하는 매장도 엄연히 존재합니다.

그런데도 '젊은 여성이 좋아하는 식재료이기 때문에 젊은 여성이 주된 고객'이라고 책상 앞에서 데이터만 분석해서 답을 도출하는 것은 위험합니다.

어쩌면 단순히 분야만 고려하지 않고 실제로 감춰진 공통점을 찾아내서 점포를 개발하면 성공할 확률이 높아질 가능성도 있습니다.

'젊은 여성과 비즈니스 남성, 모두가 좋아하는 새로운 식재료를 사용한 새로운 업태는 가능할까?'

이런 가설(이슈)에서 사고와 분석을 시작함으로써 Yes / No의 가능성을 놓치지 않고 검증하는 것이 컨설팅에 요구되는 것입니다.

이때 클라이언트는 기간한정의 행사장에서 새로운 식재료를 사용한 새로운 업태의 카페를 실험적으로 론칭했는데 그 행사장에서 앙케트를 실시해서 새로운 식재료는 어떤 고객층이 좋아할까, 어떤 스타일로 판매할 수 있을까를 검증하기로 했습니다.

자, 앙케트를 어떤 방식으로 하면 좋을까?

저는 당초에 '왜, 이 매장을 선택했습니까?'라고 하는 일반적인 앙케트를 작성했는데 그것을 본 매니저가 "그래서 어떻게?"라고 반문을 했습니다.

'클라이언트에게 가치가 있는 일은 단순한 앙케트에서 얻은 정보로는 얻을 수 없다.'

맥킨지에는 이런 사고방식이 있습니다. A와 B의 어느 쪽이 좋습니까? 하고 묻는 식의 일은 하지 말라는 의미이기도 합니다.

그런 단순한 앙케트로는 클라이언트가 상정한 이상의 가치를 제공할 수 없기 때문입니다.

어떤 앙케트를 설정하면 기대치를 뛰어넘는 발견을 할 수 있을까? 회사의 리서치 스페셜리스트와도 상담을 하고 데이터베이스로 초점을 좁혀가면서 고생해서 앙케트를 만들었습니다.

행사장에서 앙케트를 실시할 때도 행사장에 온 남녀노소의 행동을 관찰하거나 자연스럽게 그들의 이야기를 듣기도 했습니다. 기계적으로 앙케트만을 수집해서는 의미가 없습니다.

가령 젊은 여성과 비즈니스 남성, 모두가 이용하는 경우 '먹는' 환경을 어떻게 제공하면 좋을까라는 서브 이슈까지 범위를 넓혀서 '아침식사로도 비즈니스맨이 이용하는가.'라고 하는 가설도 검증할 수 있도록 앙케트의 내용을 넓히는 기획도 했습니다.

먹는 시간대와 음식에 대한 취향, 평소의 음식 스타일(가정식 카페가 좋은지, 노천카페가 좋은지 등) 등도 포함해서 다양한 시점에서 앙케트를 실시한 것입니다.

처음에 제가 만든 앙케트 안은 현재적顯在的인 수요는 파악할 수 있을지 몰라도 잠재적인 수요가 나타나지 않은 앙케트였습니다. 그런 상태라면 단지 앙케트를 위한 앙케트가 되어버리고 맙니다.

여기에서 중요한 것은 「So What?(그래서 어떻게?)」의 사고방식입니다. 앙케트를 만드는 것이 목적이 아니라 앙케트로 무엇을 할 수 있는가를 생각하고 거기에서 발견한 가치 있는 분석결과를 사용해서 어떤 스토리를 만들 수 있는가까지 포함되어 있는 것이 필요합니다.

스스로도 '이 정도면 됐다.'라는 생각이 든 후에야 매니저에게 "이 앙케트로 실시하려고 합니다."라고 상담을 하는 것이 맥킨지의 방식입니다.

내용이 정리되어 있지 않은 불완전한 것은 설사 회사의 상사에게 하는 보고라고 해도 제출해서는 안 됩니다. 모든 프로세스로 완전한 것을 구축해가는 것이 가치로 이어진다는 사고방식입니다.

특색 있는 장인이 되어라

지금 되돌아보아도 입사 1년차치고는 다소 허들이 높은 일이 많았던 느낌도 들지만 업무에서 허들을 높이거나 내리는 것은 사실 자신이 하기 나름입니다.

장인이라면 다른 사람이 말을 하기 전에 자신이 납득하지 못한다면 다른 사람에게 보여주지 않는 것처럼 자기 일의 자질을 결정하는 것은 바로 자기 자신입니다.

그런 의미에서 맥킨지 졸업생이 어디를 가더라도 자기 스스로 일을 해결해나갈 수 있는 것은 일종의 '장인 정신'과 관련이 있다고 할 수 있습니다.

장인이라고 했지만 다른 사람이 다가가기 어려운 괴팍한 사람이라는 의미가 아닙니다. 대화를 나누면 자신에게는 없는 시점에서 재미있는 생각을 많이 들을 수 있는 사람일지 모릅니다. 또 사진을 전문가처럼 잘 찍고 그 시점에서 자료를 센스가 있으면서 사람의 눈길을 끄는 내용으로 정리하는 사람이기도 한 것입니다. 그 외에도 설명을 할 때 재미있는 '만화'를 그려서 넣는 사람도 있었고, 하여간 맥킨지에는 독특한 사람이 모여 있었습니다.

그렇지만 일을 할 때에는 자신에게 엄격하고 신념을 가지고 있으면서 철저하게 상질의 좋은 일을 하기 위해 집중합니다. 특히 자신을 전면에 내세우는 일은 좋아하지 않고 자신에 대한 평가는 '일의 결과'에 양보하는 그런 장인 집단이었습니다. 작품(일)을 보면 누구의 것인지 알 수 있는 아티스트적인 측면도 있었던 듯합니다.

좋은 의미에서 타인에게 그다지 관심이 없는 것도 맥킨지 사람들의 특징입니다. 사내의 인간관계나 동기와의 경쟁을 의식하기보다 '어떻게 하면 좀 더 양질의 좋은 가치를 창출할 수 있을까.'라는 데에 의식이 향해 있는 것입니다.

예를 들어 한 선배는 '클라이언트가 어떤 시장에 진출해야 하는가, 말아야 할까.'라고 하는 가설에 대해서 진출해야 한다는 쪽으로 마음이 기울어지고 있는 상사에게 분석을 근거로 '진출하지 말아야 한다.'라고 몇 시간을 들여 자신의 지론을 설명하던 일을 기억하고 있습니다.

  그런 선배의 모습에서 철저한 양질의 일, 클라이언트에게 최적의 해답을 제공한다는 우직하기까지 한 장인 정신을 느꼈습니다.

만일 지금 여러분이 '주위의 평가'에 대해서 고민하고 있다면 과감하게 주위의 평가보다 '자신의 특색을 살린 가치를 창출하는 일'에 집중하라고 말하고 싶습니다.

  먼저 나에게 어떤 기대를 하고 있는가를 정확하게 이해합니다. 그리고 자신의 특색이 무언인가를 알고 그 특색을 발휘할 수 있는 일에 활용하는 발상입니다.

  가령 여러분이 인사부에 속해 있고 인사부에서 기대하는 일은 회사에서 실시하는 연수의 만족도를 정리하는 것이라고 가정합시다. 연수에서 실시한 앙케트를 그대로 보고서에 사용하면 일에서 '자신의 특색'은 드러나지 않습니다. 만일 사람들이 여러분을 좋아하고 사람을 대하는 것이 장점이라고 하면 적극적으로 다른 부서의 선배나 상사, 동기에게 "연수의 만족도는 어땠습니까?"라고 구체적으로 물어본 후에 보고서로 정리하는 것이 좋습니다. 그렇게 하는 것이 궁극적으로 어디에서나 통용되는 업무 능력을 향상시키는 일로 이어지기 때문입니다.

눈앞의 문제해결만 해서는 안 된다

이런 이야기가 있습니다.

어느 날 숲속에서 눈이 보이지 않는 여행자들이 지금까지 본 적이 없는 거대한 '무언가'와 조우했습니다. 이 '무언가'가 길을 막고 있어서 앞으로 나갈 수가 없었습니다. 문제는 이 '무언가'를 명확하게 하고 그것을 제거하고 길을 가는 것입니다.

한 여행자는 이렇게 크고 굵으니 큰 나무임에 틀림없다고 말했습니다. 한 여행자는 까칠까칠한 촉감이 드는 큰 뱀이라고 주장하고 또 한 여행자는 굵은 밧줄이라고 주장했습니다.

큰 나무라고 말한 사람은 그것을 제거하기 위해 나무꾼을 부를 것입니다. 한편 큰 뱀이라고 한 사람은 땅꾼을 부를 것이고 밧줄이라고 한 사람은 사람들을 많이 부르려고 할 것입니다. 그러나 사실 그 '무언가'는 '코끼리'였다는 우화입니다.

이 이야기 속에도 프로페셔널로서 항상 생각해야 하는 사실이 숨겨져 있습니다.

여행자가 저마다 거대한 '무언가'의 일부만을 보거나 만져보고 '이것은 ○○임에 틀림없다.'라는 주장만 하면 앞으로 나갈 수 없으며 진정한 모습을 보지 못하고 코끼리에게 밟힐 위험이 있다는 점입니다.

이것은 우리들의 일이나 인생, 모든 상황에서 조우하는 '문제'와 어떤 방식으로 대면할 것인가 하는 점에 있어서 시사하는 바가 아주 큽니다.

어떤 문제에 직면했을 때, 우리들은 흔히 '눈앞의 문제'를 빨리 해결하기 위해 현상 그 자체만을 의식하기 쉽습니다.

하지만 거기에서 조금 시점을 위쪽으로 올려서 '현상이라는 틀'에서 벗어나면 그 자리에서는 보이지 않았던 '진정한 문제'가 보일 때가 있습니다.

다음은 제가 맥킨지를 졸업하고 컨설팅 현장에서 겪은 케이스입니다.

한 회사의 제조현장에서 작업동선 중에 '종업원이 넘어지기 쉬운 계단'이 있어서 문제를 일으키고 있었습니다.

부품을 들고 이동하는 도중에 넘어지면 부품에 상처가 나서 사용할 수 없게 되고 무엇보다 사람이 부상을 당하는 문제가 발생했습니다. 현장 책임자는 계단에 '전도前途 주의!'라는 종이와 미끄럼방지 테이프를 붙이는 대책을 세웠지만 넘어지는 사고가 좀처럼 줄지 않았습니다. 직원들은 작업동선 안에 있는 계단 부근에서 시간을 단축하려는 생각에 사로잡혀서 종종걸음으로 계단을 오르내리고 있었던 것입니다.

그것도 '넘어지기 쉬운 계단'이라는 문제에만 생각이 집중돼서 그곳의 문제만 해결하려고 하고 있었기 때문에 '진정한 문제'를 보지 못했던 것입니다. 그렇게 생각한 저는 "본래 어떻게 하고 싶은가?"라는 부분부터 고려해보자는 질문을 던졌습니다.

이것은 '하고 싶은 것이 무엇인가.'라는 이슈(가설)부터 생각하는 '문제해결' 기술의 기본으로 되돌아가는 방법 중 하나입니다.

제일 먼저 넘어지기 쉬운 계단에서 서두르게 되는 이유는 '부품을 빨리 다음 공정으로 이동시키려는 목적' 때문일 것입니다. 그렇다면 부품을 최소한 동선으로 옮길 수 있는 작업동선 자체를 바꿔서 문제의 계단을 통과하지 않아도 되도록 개선할 수 있을 것입니다.

"계단을 어떻게 하는 것이 아니라 동선 자체를 바꿔보는 것이 어떻겠습니까?"

저의 이런 제안에 현장 책임자가 깜짝 놀랐던 것을 기억합니다. 이처럼 문제라고 생각하던 것이 실은 문제가 아니었던 경우는 많이 있습니다.

주의할 점은 문제해결에는 '우리가 주의를 기울인 부분이 활성화되는 경향이 있다.'라는 점입니다.

상대가 "이 부분이 문제니 해결하고 싶다."라고 말을 들으면 동시에 의식의 한쪽에서 '본질적인 문제는 다른 곳에 있을 가능성은?'이라는 비판적인 사고를 하는 것을 잊으면 안 됩니다.

문제해결을 하는 것도 중요합니다. 하지만 그 이상으로 '본질적인 문제는 무엇인가.'라고 하는 문제 파악력도 중요하다는 사실을 기억해야 합니다.

어떤 문제해결을 위해 열심히 노력하고 있는데 잘되지 않을 때에는 일단 그 문제를 접어두고 '문제 자체가 틀린 것이 아닌가?'라고 의심해보아야 합니다.

지금까지 어디에서나 통용되는 맥킨지의 '문제해결' 기술을 익히는 데 필요한 프로페셔널의 방식에 대해 이야기했습니다.

성과를 창출하는 사람의 '실상'과 기본적인 마인드 세트의 이미지를 파악했다면 다음에는 맥킨지에서 배운 문제해결의 기본 프로세스에 대해 살펴보도록 하겠습니다.

제2강의

맥킨지 식 문제해결의 기본 프로세스

The Mckinsey Way
Textbook for Beginners on How to Solve Problems

LESSON 2

'문제해결' 이란 무엇인가

우리 주위에서는 매일 여러 가지 문제가 일어나고 있습니다.

개인적인 차원에서 말하면 '요즘 일이 바빠 헬스를 하지 못해서 체중이 늘었다.'라고 하는 가벼운 문제(개인차는 있겠지만)에서부터 업무 차원에서 일어나는 '주력제품에 결함이 발견되거나, 고객의 클레임', '팀의 실적이 너무 나빠서 이대로는 해체될 위험성이 있다.'라고 하는 문제에도 대응하지 않으면 안 됩니다.

더 나아가서 증세로 인한 매출의 저하에 어떻게 대처할 것인가, 국가 간에 발생하는 영토문제와 자유무역협정, 경제협력에 어떻게 대응할 것인가에 이르기까지 크고 작은 다양한 문제가 끊임없이 이어집니다.

개인 차원에서 조직과 국가 차원까지 우리들은 항상 '문제해결'과 함께 살아가고 있다고 해도 과언이 아닙니다.

　하지만 잠깐 생각해보면, 본래 '문제해결'이라는 것은 대체 어떤 것을 말하는 것일까요?

　'그건 일어난 문제에 대처해서 어떻게든 하는 것이 문제해결이 아닌가?'

　보통은 이런 식으로 생각하기 쉽습니다.

　그러나 본래 '문제해결'이란 일어난 사실과 현상에 일에 대처하는 것이 아니라 '왜, 그런 일과 현상이 일어났는가? 어떻게 하면 그런 일과 현상이 일어나지 않을까?'라고 하는 문제의 본질까지 파헤쳐 해결하는 것입니다. 즉 '본질적이고 진정한 문제는 무엇인가?'라고 진정한 문제를 명확하게 하는 것, 그리고 그 진정한 문제를 해결할 구체적인 대책인 '타개'를 명확하게 해서 실행하는 것이 '문제해결'입니다.

　하지만 많은 사람들은 그 차이를 구별하지 못해서 계속해서 같은 문제로 고민하거나 '해결할 수 없는 일'을 머리를 싸매고 오랫동안 고민하는 상황에 빠져버립니다.

　이 책에서는 그런 일로 사적이나 공적인 부문에서 중요한 시간을 낭비하는 일이 없도록 문제해결의 사고법과 문제해결 기술을 소개하겠습니다.

맥킨지에서 클라이언트의 문제해결을 위해 문제의 전체상을 파악하면서 진정한 문제와 중요한 과제가 무엇인가를 철저하게 파헤치는 방법을 배웠습니다.

제가 '문제해결'이라는 것의 진정한 실체를 직접 목격한 것은 입사 1년차의 신입 시절입니다. 한 매니저의 요청으로 자동차업계의 시장동향조사를 의뢰받았을 때의 일입니다.

기한은 2주일. 성장이 답보상태를 보이는 자동차 시장에서 자동차 회사가 판매를 신장시키려면 어떤 성장전략을 취해야 할 것인가. 그 전략을 제시하기 위해 기초자료를 작성하는 것이 의뢰의 주된 내용이었습니다.

의뢰 내용이 담긴 'Fact Pack'이라고 불리는 사실에 근거한 리서치 자료를 작성해야 하는데 시장을 조사하는 데에도 여러 가지 요소가 있습니다.

시장 전체의 규모부터 시작해서 경쟁 상황, 고객 동향 등까지 2주 만에 시장의 동향을 망라하기에는 시간이 너무 부족했습니다.

대체 무엇을 어떻게 하면 좋을까? 초조해진 저는 우선 판매 전략을 명확하게 하기 위해 필요한 시장의 규모, 성장 정도, 고객의 상황 등의 시장 동향을 제 나름대로 분류한 리스트 표를 가지고 매니저와 회의를 했습니다.

리스트 표를 보여주면서 "이런 내용으로 판매 전략을 명확하게 하기 위한 시장의 동향을 조사하려고 하는데……."라고 매니저에게 상담을 했습니다.

그러자 매니저가 이렇게 말했습니다.

"오시마, 본래 판매 전략이 본질적인 문제인가? 본래 자동차 회사가 직면한 본질적인 문제, 중요한 과제가 무엇인지 잘 생각해보게. 먼저 문제를 구조화해서 본질적인 문제는 무엇인가, 그리고 어떻게 하면 되는가, 판매 전략이 이슈(중요한 과제)가 되는가, 그런 생각을 가지고 자료를 만들어보게."

진정한, 본질적인 문제라고? 문제의 구조화? 이슈?

저는 제가 생각하고 있던 '문제해결'에 대해 아무래도 착각을 하고 있었다는 사실을 깨달았습니다.

실은 매니저가 제게 한 말은 모든 문제해결의 기본 프로세스, 기본원칙이었던 것이었습니다. 이 경우의 '문제'는 의뢰한 '자동차 회사의 판매 전략을 어떻게 할 것인가?'였고 그를 위해서 시장동향 자료 작성이 과제라고 생각했던 저는 충격을 받았습니다.

진정한 '문제해결'을 위한 길이란 눈앞에 보이는 일에 대처하는 것이 아니라 진정한 문제, 중요한 과제는 무언인가를 생각하는 것, 즉 문제해결의 프로세스를 의식해서 일을 한다는 점입니다. 그렇게 함으로써 일의 효율은 한층 좋아지고 문제의 파악도 정확하게 되는 것입니다.

그럼 문제해결의 기본 프로세스는 무엇일까요? 기본 프로세스의 전체상은 다음과 같습니다.

「문제설정과 해답이 되는 영역을 정한다 → 과제를 정리하고 구조화한다 → 정보를 수집한다 → 가설을 세운다 → 가설을 검증한다 → 해결책(타개)을 생각한다 → 해결책을 실행한다.」

이 문제해결의 기본 프로세스를 이해함으로써 정확한 문제해결을 실행할 수 있습니다.

이것을 이해하고 있지 않으면 문제해결에 이르기까지 '어디서부터 시작해야 하는가?', '이 방식으로 해도 괜찮은가?'와 같이 진정한 문제와는 다른 영역에서 고민을 합니다. 문제해결의 숲에서 '미아'가 되면 중요한 문제에 도달하지 못하게 됩니다.

따라서 문제해결의 기본 프로세스와 기본원칙을 기억한다는 것은 문제해결을 원활하게 실행하기 위한 중요한 요소입니다.

문제해결의 기본 프로세스

1 두더지게임을 해서는 안 된다

문제해결의 프로세스에서 중요한 것은 처음에 '누구에게 어떻게 되면 좋은가.', '누가 어떻게 되고 싶은가.'라고 하는 목표 이미지, 즉 되고 싶은 모습을 정확하게 정하는 것입니다. 의외로 이 점을 놓치기 쉽기 때문에 주의해야 합니다.

간단한 예로 설명을 하겠습니다. 일을 할 때 실수를 많이 하는 A가 있습니다. A의 실수를 없애기 위해 무엇을 할 것인가? 그것을 위해 B가 더블 체크를 하기로 정했습니다.

일견 문제해결처럼 생각됩니다. 그러나 본래 A의 실수가 없으면 B의 시간을 사용할 필요가 없고 그만큼 모든 일은 순조롭게 진행될 것입니다.

이 해결책은 '실수가 많으니 실수를 줄이자.'라고 하는 '동전 뒤집기'라고 하는 발상으로 진정한 문제의 명확화, 정확한 해결책을 찾는 것을 놓쳐버리고 맙니다.

동전 뒤집기란 말 그대로 '동전의 앞을 뒤로 바꾸는 것'뿐이어서 간단하지만 대체로 효과가 적고 근본적인 해결이 되지 않습니다.

어쩌면 B에게 부담이 가중돼서 실수가 늘어날 가능성조차 있습니다. 그렇게 되면 전혀 의미가 없습니다.

다시 한 번 말하지만 본래 '문제해결'을 한다는 것은 '진정한 문제'를 발견해서 본연의 모습과 현상의 괴리를 메우는 것입니다. 이번 경우에는 A와 B가 효율이 좋고 정확하게 일을 하고 있는 상태가 '본연의 모습'일 것입니다.

그렇다면 처음에 'A와 B가 정확하고 효율 좋게 일을 할 수 있는 상태'인 본연의 모습을 정합니다. 그리고 '그 본연의 모습을 달성하는 데 무엇이 진정한 문제인가.'를 생각해서 'A와 B의 실수와 부담을 줄이는 것'을 진정한 문제해결로 정하는 편이 모두에게 좋습니다.

앞서 이야기한 자동차 회사의 시장동향 의뢰에서 제가 빠져버린 발상도 동전 뒤집기입니다. '시장이 정체된 추세 속에서 자동차 회사의 판매대수가 줄고 있기 때문에 판매대수를 늘리는 것이 문제'라고 생각하면 본래 자동차 회사를 둘러싼 구조적인 문제와 과제를 해결할 수 없습니다.

그렇지 않고 시장이 정체를 보이는 추세 속에서 자동차 회사는 어떻게 해야 하는지를 생각해서 본질적 문제를 파악하는 것이 중요합니다.

즉 진정한 문제를 해결하지 않은 채 두더지게임처럼 눈앞의 사실과 현상을 처리하더라도 그것은 '문제해결'이 되지 않는 것입니다.

참고로 여러분은 두더지게임에서 두더지를 전혀 나오지 않게 하는 방법을 알고 계십니까? 게임의 전원을 끄는 해결책을 제시하거나 그게 가능한가라고 반문할지 모르겠지만 문제해결에 있어서 때로는 '처음부터 두더지게임을 하지 않는 것'이 훌륭한 해결책인 경우도 있습니다.

아무리 두드려도 머리를 내미는 두더지게임과 같은 문제에 계속해서 대처하는 것이 정말로 좋은 방법인가 하는 점에서부터 '생각'을 시작하는 것입니다.

그 일을 그만둬도 실은 그다지 문제가 되지 않는 일은 꽤 많이 있습니다.

다소 극단적인 예인지 모르지만 우리들이 평소에 '문제'라고 생각하는 것이 실은 '문제가 아닐' 가능성이 있습니다. 그리고 정말로 그것을 해결하는 것이 모두에게 '좋은 일'인지 문제해결의 노력에 어울리는 성과가 있는지, 본래 '누가 어떻게 되고 싶은가.'라는 것을 처음에 '생각하고 묻는 것'이 진정한 문제해결을 향한 첫발입니다.

2 문제정의, 가설·분석, 해결책

① 문제의 구조를 파악한다

눈앞의 현상을 '문제'라고 생각해서 두더지게임을 해서는 안 된다(긴급대응 등은 별개이지만)는 것을 아셨으리라 생각됩니다. 그럼 어떻게 하면 현상의 이면에 감춰져 있는 '진정한 문제'에 이를 수 있을까요?

막연히 상황을 조망해서 무턱대고 달려들면 '진정한 문제'에 도달하기는커녕 오히려 상황이 혼란스러워질 뿐입니다.

그래서 먼저 눈앞에서 일어나고 있는 일에서 무엇이 문제인가 하는 '문제정의(문제설정과 본연의 모습을 확인)'를 하고 그 문제가 어떤 요인과 연결되어 있는가 하는 '문제의 구조'를 '명시

화'합니다.

여기에서 포인트는 '현상과 요인을 분리'하는 것입니다. 앞에 나온 자동차 회사의 문제해결을 예로 말하자면 판매대수의 감소라고 하는 사실과 현상만을 보고 대책을 생각하는 것이 아니라 판매대수의 감소라고 하는 현상과 그것이 일으키고 있는 다양한 요인을 분리해서 생각함으로써 판매대수의 감소라고 하는 문제가 어떤 구조에 의해 성립되고 있는가를 파악하는 것입니다.

어떤 현상과 결과는 절대로 홀로 독립해서 존재하지 않습니다.

② 문제를 분해하는 방법 – 로직 트리

문제의 '현상과 요인을 분리한다.' 즉 문제를 분해한다고 해도 머리로만 하는 것은 어렵습니다. 그래서 사용되는 방법이 '로직 트리'입니다.

여러분도 들어본 적이 있을 것입니다. 로직 트리란 전제가 되는 현상을 포함한 문제(큰 문제)를 그 문제에 연결된 몇 개의 요인으로 상세하게(작은 문제로) 분해하기 위한 사고 툴(프레임 워크)입니다.

말 그대로 큰 나무의 줄기에서 많은 요인이 가지로 갈라져서 뻗어나가기 때문에 '로직 트리'라고 합니다.

극단적인 비유이지만 우리들이 나라의 에너지 절약을 해결하는 것은 문제가 너무 커서 어렵지만 자신의 집에서 에너지 절약을 한다면 궁리해서 실행할 수 있습니다. 문제를 분해해서 작게 만들고 생각하기 쉽게 하는 원리와 똑같습니다.

'문제를 분해'하는 작업에서 중요한 것은 세 가지입니다.
첫 번째는 '누락과 중복 없이' 분해하는 것입니다.
예를 들어 고객을 '남성'과 '여성'이라는 성별로 분해하는 것은 '누락과 중복'이 없지만 '아웃도어를 좋아하는 사람'과 '등산을 좋아하는 사람'으로 분해하면 '누락과 중복'이 생깁니다. 즉 '등산'은 '아웃도어' 속에 포함되기 때문에 중복되고 다른 취미를 가진 사람도 있기 때문입니다.
누락과 중복이 생기면 해결책의 효과가 약해지고 나중에 다시 해야 하는 등 시간의 손실이 발생하니 주의해야 할 포인트입니다.
두 번째는 '사실을 기준으로 행하는 것'입니다.
아무래도 문제해결은 인간이 하는 것이어서 '감정'이 개입되기 쉽습니다. 또는 자신의 주장을 굽히지 않는 사람의 의견이 많이 반영되는 경우도 있습니다. 그러나 감정과 목소리가 큰 사람의 의견에 휩쓸리면 진정한 문제해결에서 멀어지는 요인이 됩니다.
세 번째는 '중요도가 낮은 것은 깊이 파헤치지 않는 것'입니다.

로직 트리에서 문제를 분해해갈수록 다양한 요인으로 가지가 뻗어나가는데 그중에는 검토해도 별로 의미가 없는 것도 나옵니다.

반대로 말하면 로직 트리로 분해함으로써 문제 구조의 전체를 내려다보면서 중요성의 대소를 볼 수 있기 때문에 중요성이 낮은 것에 시간을 빼앗기는 일은 피할 수 있습니다.

예를 들어 여러분이 영업담당자인데 영업실적이 잘 오르지 않고 그 요인이 무엇인가 하는 문제라고 한다면 왜 영업성과가 올라가지 않는가 하는 문제의 원인을 아래에서처럼 로직 트리로 분해합니다.

「로직 트리의 예」

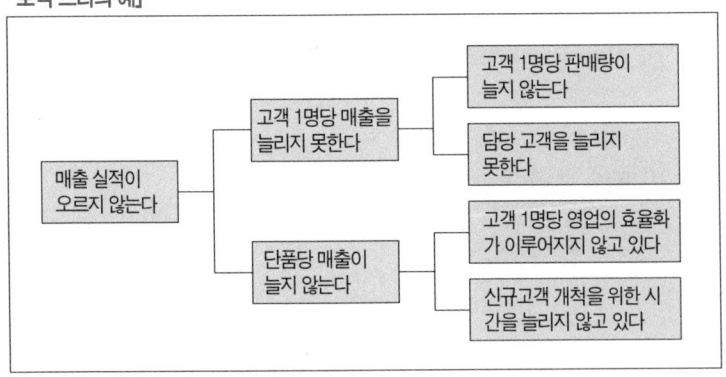

이처럼 영업실적이 잘 오르지 않는다고 하는 문제를 로직 트

리로 파헤치면 문제의 전체상을 파악할 수 있습니다. 그리고 분해해가면 영업실적이 오르지 않는 문제에도 여러 가지 요소가 연관되어 있다는 사실을 알 수 있습니다.

'신규 고객을 늘리지 못한다.'라는 것이 진정한 문제일 가능성도 있고 '고객 1명당 판매량을 늘리지 못한다.'라고 하는 것이 진정한 문제일 가능성도 있는 것입니다.

이와 같이 로직 트리로 문제를 분해해가면 문제의 전체상을 파악하고 무엇인 진정한 문제인가를 명확하게 할 수 있습니다.

③ 가설을 세워서 분석한다

로직 트리를 사용해서 문제의 구조를 파악했다면 다음으로 실행하는 것은 '무엇이 가장 중요한 과제인가.'라고 하는 이슈를 정하는 일입니다. 이슈를 정한다는 것은 다시 말하면 가설을 세운다는 말입니다.

물론 이 시점에서는 '이것이 가장 중요한 과제이다.'라고 생각해도 옳은지 여부는 알 수 없습니다. 그렇다고 해서 파악한 문제의 구조를 모두 분석하고 검증하는 일은 아무리 시간이 많아도 부족합니다.

그래서 현시점에서의 '가설'로써 가장 중요한 과제(이슈)를 설정하고 그것이 옳은지 아닌지를 검증하는 일부터 시작하는 것입니다. 가장 중요한 과제란 '가장 본질적이고 해결의 임팩트가 있는 것 같은 과제'라고 바꿔 말할 수 있습니다.

가령 제2강의에서 예를 든 자동차 회사의 성장 전략, 판매 전략을 어떻게 할 것인가라는 문제에서 '자동차 1대당 이익률 저하'가 성장의 키포인트를 쥐고 있는 가장 중요한 과제라고 생각했다고 가정합시다.

그래서 로직 트리로 문제를 구조화해가면 이 문제를 해결할 이슈가 '새롭게 고객을 개척하는 것'이 아니라 '기존의 낮은 가격대 차종의 고객에게 업그레이드된 가격대의 차종을 제공하는 것'이 가장 중요한 과제로써 이슈가 될 가능성도 있습니다.

이 이슈가 옳은가를 검증해보고 맞으면 문제해결이 한층 진전된 것입니다.

④ 가설을 검증하는 방법 - 이슈 트리

이슈(가설)를 검증하는 데 사용하는 사고 툴에도 여러 가지가 있습니다. 문제를 분해하기 위한 로직 트리와 닮은 '이슈 트리'도 그중 하나입니다.

로직 트리와 구조는 똑같지만 가장 중요한 과제(이슈)를 출발점으로 해서 거기서부터 도출되는 요소에 대해 그 가설이 옳은지 어떤지를 'YES / NO'로 검증해가는 것입니다.

예를 들어 '업그레이드한 차종의 시승 체험 프로모션을 해야 할 것인가.'가 이슈라고 한다면 그것을 검증하기 위해서는 다음과 같은 검증 요소가 나옵니다.

'예산은 사용할 수 있는가?', '비용대비효과를 기대할 수 있는가?', '고객을 모을 수 있는가?', '반응을 검증할 수 있는가?'와 같은 사항을 검증해서 모두 'YES'라면 실행에 옮깁니다.

이슈를 검증할 때도 '누락과 중복'이 없도록 주의를 해서 이슈를 분해하는 게 중요합니다. 맥킨지에서는 '누락과 중복이 없도록' 철저하게 교육을 합니다. 이 시점에서 '누락과 중복'이 없도록 철저하게 분해하지 않으면 잘못된 분석이 돼서 올바른 답으로 이어지지 않기 때문입니다.

'타이트한 로직(정확한 로직)'으로 이슈를 검증했는가, 즉 검증의 정밀도를 올리는 것이 중요합니다.

분석과 검증을 진행하는 도중에 이슈를 수정하거나 변경하는 경우도 있지만 오히려 그것은 정밀도가 향상되고 있다는 증거이기 때문에 환영할 일입니다. 시작단계에서 이슈를 설정했기 때문에 무엇이 틀렸는가 하는 점도 이해할 수 있고 도중에 길을 잃지 않고 끝낼 수 있습니다.

처음에 '지도'로 가설이라고 하는 임시 코스를 설정했기 때문에 도중에 코스를 변경해도 어디에서 어떻게 바꿨는지, 길을 잘

못 들어서면 안 되는 포인트는 어디인지 하는 기준을 스스로 세울 수 있는 것입니다.

만일 지도나 아무것도 갖지 않고 코스 설정도 하지 않은 채 출발하면 미아가 될 가능성이 큽니다. 게다가 어디까지 어떻게 돌아가면 좋은지도 알지 못한 채 두 손을 들게 됩니다.

그럼 이슈 트리의 예를 살펴보겠습니다.

예를 들어 '이익률 향상을 위해 고객층 A에게 업그레이드 차종을 판매 확대해야 할 것인가.'라는 이슈를 검증한다고 하고 이슈

「이슈 트리의 예」

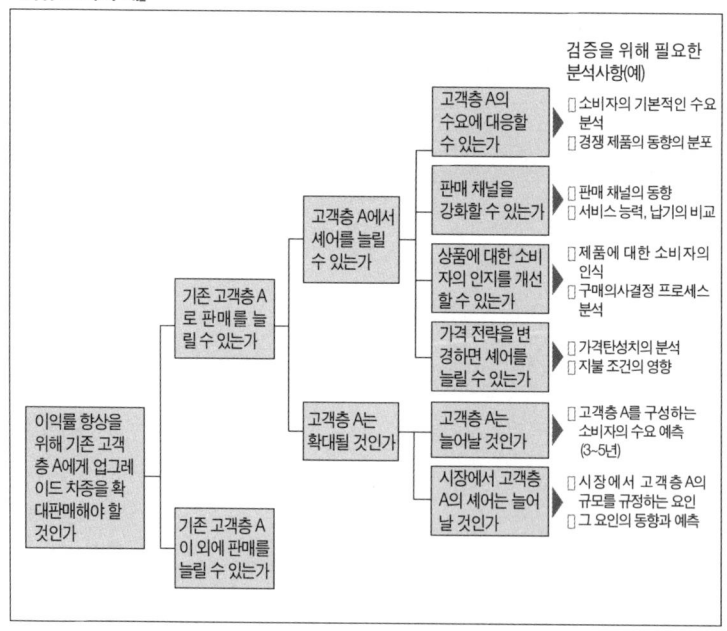

트리를 '누락과 중복 없이' 분해해보면 시장의 확대 가능성과 고객의 수요 파악부터 판로와 가격에 관한 사항 등과 같은 다양한 요소를 검증할 필요가 있다는 것을 알 수 있습니다.

78쪽 이슈 트리의 예와 같이 '누락과 중복 없이' 분해함으로써 검증의 정밀도를 올리는 것이 중요합니다.

⑤ 해결책을 도출한다 – 하늘·비·우산

이슈를 분석하고 검증해서 '해결책'인 타개를 실행할 때에 기본이 되는 사고법(프레임 워크)이 있습니다.

이슈를 검증하는 과정에서 다양한 데이터와 정보가 들어옵니다. 하지만 단순히 데이터와 정보만 모아서는 '문제해결'을 한 것이 되지 않습니다.

여기에서 중요한 것은 '하늘·비·우산'이라고 하는 사고를 하는 것입니다. 맥킨지에서는 이 사고를 철저하게 가르칩니다. 즉 하늘이란 '현상은 어떻게 되어 있는가.'라고 하는 사실, 비는 '그 현상이 무엇을 의미하는가.'라고 하는 의미, 그리고 우산은 '그 의미로부터 무엇을 할 것인가.'라고 하는 해결책인 타개를 의미합니다. 이와 같이 현상·의미·타개를 기초로 사고하는 것이 중요합니다.

자동차 판매 전략에서 '업그레이드된 차종의 시승 체험 프로모션을 한다.'라고 하는 타개라면 이렇게 생각합니다.

먼저 현상의 '하늘 모습'이 기존 고객의 저가격대 차종의 판매수가 저하하고 있다고 하는 상태, 이 사실을 검증해서 통찰을 진행하자 기존 고객이 타사의 조금 나은 친환경 성능과 기능에 충실한 동급 차종으로 이동하고 있다는 사실을 알게 되었습니다. 즉 저가격대 차종에 대한 만족도가 저하하고 게다가 가격 이 외의 친환경 성능과 기능이 구입을 하는데 중요한 포인트가 되고 있다는 의미를 읽어낼 수 있습니다. 이것이 '하늘 모습'에서 '비'를 예측하는 것이 됩니다.

그리고 현상과 의미에 기초한 해결책이 되는 타개로 '업그레이드된 차종의 시승 체험 프로모션을 시행'을 통해 기존고객에게

「하늘 · 비 · 우산의 차트」

하늘	비	우산
사실	해석	행동
검은 구름이 넓게 퍼지고 있다	비가 내릴 것 같다	우산을 가지고 나간다
기존 고객의 저가격대 차종의 판매수가 저하	기존 고객이 타사의 친환경 성능이 충실한 동급의 차종으로 이동하고 있다	업그레이드한 차종의 시승 체험 프로모션을 연다

'우산'을 건네는 것과 같은 대응책을 취하는 흐름을 이끌어낼 수 있는 것입니다.

여기에서 중요한 것은 '정보를 너무 많이 모으지 않는 것'입니다. 정보수집과 검증에만 시간을 들이면 판단의 소재가 늘어나는 것에 지나지 않습니다. 소재가 너무 늘어나면 이번에는 반대로 판단에 시간이 걸리고 행동을 취하는데 최적의 타이밍을 놓쳐버릴지 모릅니다.

하늘 모습을 보고 행동을 하기 위한 바른 통찰을 하더라도 비가 내린 다음 빨래를 걷는 것은 의미가 없기 때문입니다.

문제해결에서 중요한 사항

1 현재의 상황과 제약조건에 얽매이지 않는다

진정한 문제해결을 하려고 할 때에는 현재 보이는 상황과 제약조건에 지나치게 얽매이지 않는 것도 중요합니다.

왜냐 하면 진정한 문제해결을 한다는 것은 본연의 바른 모습, 희망하는 모습을 달성하기 위한 것이기 때문입니다. 즉 지향하는 이미지인 목표와 현재의 괴리를 메우는 것입니다. 본래 상황이나 제약조건이 목표 달성과 관계가 없거나 그것들이 변하는 경우도 있을지 모릅니다.

반대로 말하면 현재의 상황과 제약조건을 바꿀 필요가 전혀 없다고 한다면 지금 그대로도 아무런 문제가 없다는 것이 되기도 합니다.

따라서 문제해결을 할 때에는 현재의 상황에서 발상을 하는 것이 아니라 본연의 보습, 희망하는 모습이라는 높은 시점에서 발상을 해야 합니다.

그러한 발상을 한 시점에서는 '실현하기 어려운 일처럼 생각되는 일'이라도 책에서 소개하는 다양한 사고 기술, 문제해결 기술을 사용하면 의외로 그렇지 않은 일이 많다는 사실을 깨달을 수 있습니다.

예를 들어 여러분이 요식업에 종사하고 있다고 가정하고 부모와 자녀가 함께 찾을 수 있는 음식점이 과제라고 합시다. 그래서 '우주는 부모와 자녀가 재미있게 할 수 있는 화제꺼리이다.'라고 하는 아이디어가 떠올랐습니다.

하지만 현재 상황을 기초로 생각하면 요식업과 우주는 아무런 접점이 없습니다. 하지만 우주를 좋아하는 부모와 아이가 손님으로 와서 좋아할 수 있다면 화제도 될 수 있고 SNS 등에서 상승효과도 얻을 수 있을 듯합니다.

물론 1년 이내에 우주에서 요식업을 론칭하는 일은 불가능에 가까운 일이지만 우주에 관한 아이디어로 요식업의 문제해결을 하는(우주에 관한 물건과 영상을 인테리어에 활용하고 우주복장을 입고 기념촬영을 하거나 우주식 메뉴를 도입하는 등) 것이라면 불가능한 일은 아닐 것입니다.

지금 현재의 상황과 제약조건을 기준으로 하는 것이 아니라 '부모와 아이가 즐길 수 있는 공간'이라고 하는 '희망하는 모습'을 기점으로 해서 발상과 현상의 괴리를 메우는 액션 플랜으로 타개하면 반드시 재미있는 문제해결이 가능할 것입니다.

2 항상 논리적 사고를 의식한다

문제해결을 하는 데에는 '논리적 사고'가 중요하다는 말을 자주 듣습니다.

그럼 '논리적 사고'의 무엇이 어떻게 중요한 것일까요? 논리적 사고는 '논리적 사고법(사고술)'이라고 번역할 수 있는데 왠지 '논리'라는 말이 들어가면 어딘지 답답한 느낌이 듭니다.

본래 논리적 사고법이란 원인과 결과가 명확하게 구분되는 '이치에 맞는' 사고방식과 이해방식입니다. 애매모호하고 어려운 문제를 아주 명확하게 해주는 것입니다.

문제해결의 프로세스에서 조우하는 다양한 현상과 요인, 자신이 생각한 가설을 원인과 결과로 명확하게 구분하도록 해주는 것이 '논리적 사고'라고 생각하면 됩니다.

그렇게 함으로써 해결 프로세스에 '누락과 중복'이 없어집니다. 또 제자리걸음이나 본래 답이 없는 미로에 빠지지 않고 도중에 우여곡절을 겪어도 문제해결에 잘 도달할 수 있습니다.

논리적 사고의 기원은 고대 그리스의 철학자 아리스토텔레스라고 합니다. 논리학에서 삼단논법으로도 알려진 'A=B=C라면 A=C이다'라는 로직은 알고 있을 것입니다.

꽃(B)은 언젠가 진다(C) – 대전제
장미(A)는 꽃이다(B) – 소전제
장미(A)는 언젠가 진다(C) – 결론

이와 같이 누가 보아도 논리적으로 원인과 결과를 이해할 수 있고 납득할 수 있도록 함으로써 문제해결이 도출한 가설과 해결책을 공유하고 주위에게도 제시할 수 있는 것은 아주 중요합니다.

3 '왜?'를 반복해서 생각한다

논리적 사고로 이끌어낸 결론과 해결책은 누가 어떤 측면에서 보아도 '이것이 중요한 포인트이다.'라고 생각되어야 합니다. 즉 로직을 타이트(명확한 로직을 확립한다)하게 해야 합니다. 맥킨지에서는 로직이 타이트한가를 철저하게 체크합니다.

그리고 「So What?(그래서 어떻게?)」, 「Why So?(왜 그러한가?)」라고 하는 자문자답을 반복함으로써 로직이 단련되고 강해져 갑니다.

예를 들어 여러분이 완전히 제로상태에서 회계사 자격을 목표로 공부를 한다고 가정하고 성적이 좀처럼 오르지 않는다고 합시다. 그 이유가 공부에 시간을 투자하지 않기 때문이라고 생각하고 성적을 올리기 위해 '공부에 시간을 들이지 않으면 성적이 오르지 않는다.'라고 하는 문제를 상정했다고 합시다. 그러나 그것만으로는 '어떤 공부를, 무엇을 위해' 하는가 하는 요인과 근거가 애매하기 때문에 구체적인 해결책을 이끌어낼 수가 없습니다.

그래서 「So What?(그래서 어떻게?)」라고 하는 「왜?」를 질문함으로써 '공부를 하는 데에도 특히 초보 부기를 위한 공부에 시간이 필요하다.'라고 하는 '무엇을 위해서인가.' 하는 요인이 나옵니다. 하지만 다른 자격시험 공부에서도 시간이 필요하기 때문에 다시 「So What?(그래서 어떻게?)」라고 하는 「왜?」라는 질문을 던집니다.

그럼 '부기에서는 크게 5개 분야에서 문제가 출제되기 때문에 공부에 시간이 필요하다.'라는 구체적인 수치가 나옵니다. 여기에 「So What?(그래서 어떻게?)」이라고 하는 「왜?」라는 질문을 다시 던지면 '부기에서는 크게 5개 분야에서 문제가 출제되기 때문에 공부를 하는 데 각각의 분야에 최소한 30시간이 필요하다.'라고 하는 이슈를 도출할 수 있고 그를 위해 어떤 해결책을 취하면 되는가 하는 사항을 구체적으로 검토할 수 있게 됩니다.

이러게 하면 처음의 '공부에 시간을 들이지 않으면 성적이 오르지 않는다.'보다 타이트한 로직이 되고 논리적으로도 이치에 맞기 때문에 스스로도 납득하고 공부에 임할 수 있습니다.

4 '누구에게, 무엇을, 어떻게' 를 반드시 생각한다

문제해결을 철저하게 파헤치다 보면 '누구에게, 무엇을, 어떻게' 하고 싶은가라는 부분에 이릅니다.

당사자가 본 경우라면 '나는, 무엇을, 어떻게 하면 좋은가?'라고 하는 점이 명확하고 납득할 수 있는 상태가 되었는가 아닌가 하는 것입니다.

예를 들어 "매출 향상의 문제해결책은 영업을 강화하는 것입니다."라는 말을 들어도 구체적으로 무엇을 어떻게 하면 좋은가가 제시되어 있지 않으면 행동을 취할 수 없습니다.

비즈니스로 말하자면 '어떤 고객에게, 어떤 상품과 서비스를, 어떤 방법으로 제공할 것인가.'라고 하는 점이 명확하게 정해져 있지 않으면 문제해결을 할 수가 없습니다.

그런데 '누구에게, 무엇을, 어떻게'가 애매한 상태에서 '무조건 고객을 늘리고 싶다.', '매상을 늘리고 싶다.'라고 생각해서 '주먹구구식 문제해결'을 하고 있는 회사도 의외로 적지 않습니다.

어쩌다 그런 방식으로 일이 잘 풀리는 경우가 있을지 모릅니다. 하지만 그런 성과는 일시적인 것에 지나지 않습니다. 정말로 임팩트가 있는 성과를 얻기 위해서는 '누구에게, 무엇을, 어떻게'를 생각한 본질적인 진정한 문제해결이 필요하다는 것을 잊지 말아야 합니다.

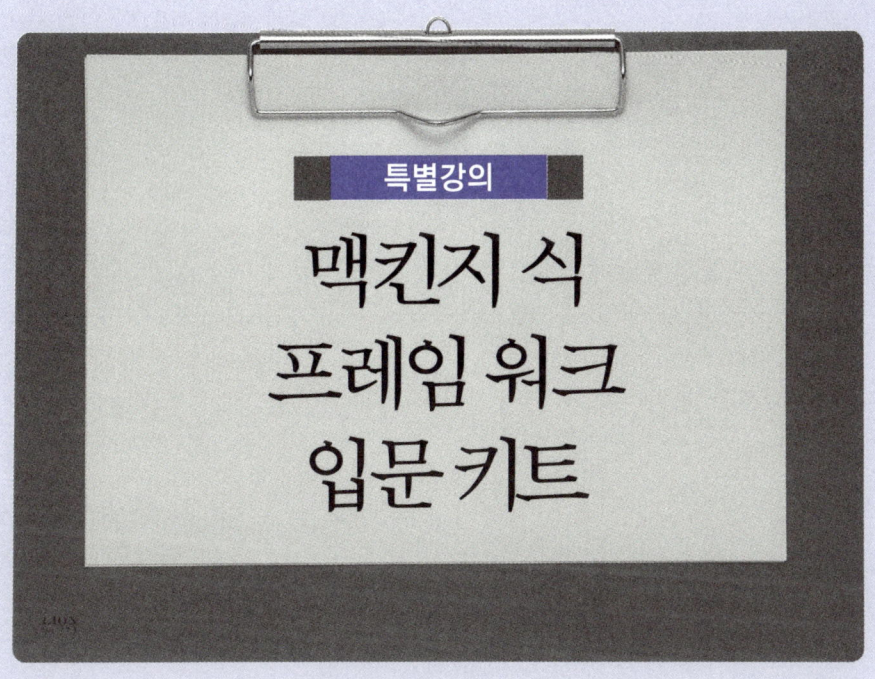

The Mckinsey Way
Textbook for Beginners on
How to Solve Problems

Special supplement ➡

머릿속에 프레임 워크를 그려둔다

여기에서는 많은 사람들이 맥킨지 하면 떠올리는 프레임 워크에 대해서 특별강의를 하도록 하겠습니다. 왜 보통 강의가 아닌 특별강의에서 '프레임 워크'를 다루는가 하면 다양한 문제해결에 대해서 생각할 때 '알아두면 편리'하기 때문입니다.

'프레임 워크가 더 중요한 게 아닌가?'라고 생각할지 모르겠습니다. 분명히 대단히 중요하지만 어디까지나 프레임 워크란 문제해결을 도와주는 편리한 도구에 지나지 않고 그것을 배우는 것이 목적이 아닙니다.

프레임 워크를 잘 사용함으로써 아무런 도구를 사용하지 않고 사고를 하면 찾아낼 수 없는 것도 '이것이다!'라고 하는 인사이트(통찰)를 찾아내는 일도 가능합니다.

그뿐 아니라 프레임 워크를 알고 있는 것과 모르는 것에는 문제해결의 여정에서 같은 거리를 이동하는 데 완행으로 가는가, 비행기로 가는가 하는 정도의 차이가 생깁니다.

그러나 착각하지 말아야 할 점은 프레임 워크란 '사고를 효과적으로 깊게 하기 위한 툴'이기 때문에 목적에 맞게 사용하지 않으면 의미가 없다라는 점입니다. 또 프레임 워크를 사용해서 정리한 것에서 그 '의미'를 도출하는 것이 중요합니다.

서울과 부산 사이를 이동할 때 비행기가 훨씬 빠르지만 이동하는 시간을 책이나 자료를 살펴보는 시간으로 사용하려는 목적이라면 KTX가 시간을 효과적으로 사용할 수 있습니다.

이동을 위한 교통편이나 프레임 워크에서도 단지 사용하면 좋은 것이 아니라 '어떻게 사용하는가.' 하는 활용능력이 훨씬 중요합니다.

또 프레임 워크를 사용함으로써 문제해결을 할 때 범하기 쉬운 '사고의 실패'를 방지할 수도 있습니다.

"자신의 경험으로만 판단해서 실패했다."

"검토할 사항에 누락이 있었는데 알아차리지 못해서 실패했다."

"눈앞의 일에 얽매여서 전체를 보지 못해서 실패했다."

"중요하지 않은 일에 시간을 낭비했다."

이런 실패는 프레임 워크를 항상 머릿속에 기억하고 있으면 대부분 미연에 방지할 수 있습니다.

여기에서는 대표적인 프레임 워크를 예로 들어서 문제해결에서 실패하지 않고 어떤 목적으로 어떤 프레임 워크를 활용할 수 있는가를 살펴보도록 하겠습니다.

전체의 흐름 속에서 중요한 포인트를 파악할 때
프레임 워크 '비즈니스 시스템'

비즈니스 시스템이란 이름 그대로 '사업을 하는 데 있어서 필요한 요소를 기능별로 나눠 연속된 흐름으로 정리한 것'입니다.

비즈니스 시스템에서는 먼저 사람, 물건, 돈, 정보, 기술 등을 인풋해서 아웃풋(제품이나 서비스 등)의 형태가 되기까지의 흐름을 단계로 나눕니다.

그리고 각각의 단계에서 실제로 실행하는 행동을 분석해서 개선·조직 개편, 재설계 등을 검토합니다.

여기에서는 음료 회사 A의 비즈니스 시스템을 살펴보도록 하겠습니다.

업계의 일반적인 비즈니스 시스템과 비교해서 A사는 물류에서 도매 영업, 그리고 점포의 매대 관리의 흐름을 루트 세일즈에 의한 판매로 재설계해서 비즈니스를 성공시켰습니다. 다음의 그림을 보면 루트 세일즈의 도입이 성공의 열쇠라는 인사이트(통찰)를 얻을 수 있을 것입니다.

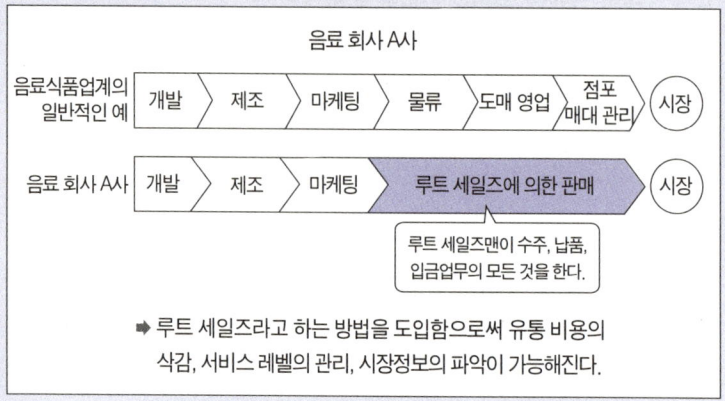

이 비즈니스 시스템의 프레임 워크는 가령 '이직'이나 '결혼 활동'과 같은 개인적인 활동에서도 응용할 수 있습니다.

예를 들어 자신의 '이직'이나 '결혼 활동'에서 원하는 결과를 얻고 싶을 때, 아무런 계획 없이 행동하는 것이 아니라 발상을 바꿔서 하나의 사업이라고 간주합니다. 그리고 비즈니스 시스템의 흐름 속에서 단계마다 해야 할 행동을 세세하게 분석해서 '자신이 노력해야 할 점'을 명확하게 합니다.

그렇게 하면 만일 원만하게 진행되지 않을 때라도 단계마다 '어디에서 실패하고 있는가.' 하는 문제점을 파악하고 개선하기 쉬워집니다.

여기에서는 이직 활동을 예로 비즈니스 시스템을 사용하는 방법을 생각해보도록 하겠습니다. 이직하는 회사를 고객으로 가정하고 해야 할 일을 정리해보는 것입니다.

아래의 그림처럼 이직(취업 활동)에서도 비즈니스의 흐름과 마찬가지로 단계를 나눠서 해야 할 일을 정리할 수 있습니다. 이직이나 취업 활동이 잘되지 않아서 초조해하는 사람의 이야기를 들어보면 이 단계를 파악하지 않은 채 취업 활동을 하고 있는 경우가 많습니다.

그런 상태라면 본래 밟아야 할 단계를 건너뛰는 누락이 발생하고 목표를 이룰 때까지 활동을 지속할 수 없게 되어버립니다.

단계를 파악하고 밟아간다면 각각의 단계에서 해야 할 요소를 파악하고 자신의 개선점과 발전시킬 점을 검토할 수 있습니다.

「비즈니스 시스템」

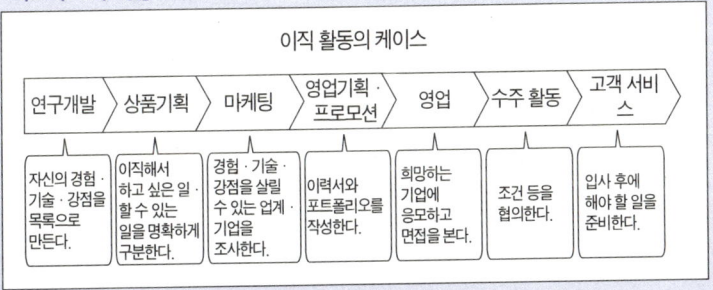

예를 들어 항상 면접에서 "당신의 강점을 이야기해보십시오."

라는 질문에 대답을 잘하지 못한다면 처음 단계에서 자신의 경험 · 기술 · 강점을 목록으로 잘 정리하지 못했다는 것일지도 모릅니다.

그리고 자신의 경험 · 기술 · 강점에 자신감이 없거나 객관화시키지 못하면 제삼자인 캐리어 어드바이저 등과 상담을 하는 방법을 취할 수도 있습니다.

문제점을 구분해서 대처법을 검토하고 실행할 때의 요령은 문제가 발생한 단계뿐 아니라 그 이전의 단계까지 돌아가서 거기에서 해야 할 요소도 개선해야 합니다.

면접을 예로 들어 말하자면 면접에서 어필하는 방법만 개선하면 '말은 잘하지만 자신의 강점을 잘 전달하지 못하는 상태'가 되는 것입니다.

그렇게 되지 않기 위해서 면접보다 이전 단계에서 본래의 '자신의 강점'을 정확하게 다시 파악하는 것이 중요합니다.

비즈니스 시스템의 프레임 워크로 생각하면 개선점을 소급하기도 쉬워집니다.

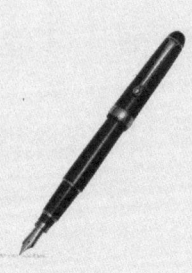

시장전략의 기본을 검토할 때
프레임 워크 '3C'

맥킨지가 만든 유명한 '3C'의 프레임 워크를 알고 계신 분들은 많을 듯합니다.

하지만 본래 의도한 사용 방법을 이용하지 않으면 잘못된 아웃풋을 도출하게 되는 경우가 있으니 주의할 필요가 있습니다.

3C란 고객Customer, 경쟁Competitor, 회사Company로 시작되는 세 가지 요소의 첫 글자를 딴 것으로 '회사가 어떤 경영환경에 놓여 있는가, 현재 상황을 분석함으로써 경영과제의 발견이나 전략의 발안 등에 활용'하는 프레임 워크인데, 본래 '회사의 상황을 명확하게 하기' 위해서만 사용하는 것은 아닙니다.

이 점을 착각하면 '3C'의 프레임 워크를 사용해도 경쟁에서 도태되거나 고객이 외면하는 '잘못된 전략'에 힘을 쏟게 되어버립니다.

예를 들어 한 자동차 회사가 그때까지 국내에서 생산을 하고 있던 인기 소형자동차 모델의 변경을 계기로 생산 기점을 아시아 신흥국으로 전면 시프트하는 전략을 취했습니다. 아직 국내 생산을 기점으로 하고 있는 경쟁 차종에 비해 비용 우위에 서기 위한 전략과 저연비의 친환경차로 우위성을 선점하면 국내 생산이 아니어도 고객들은 지금까지와 같이 구입할 것이라고 판단했기 때문입니다.

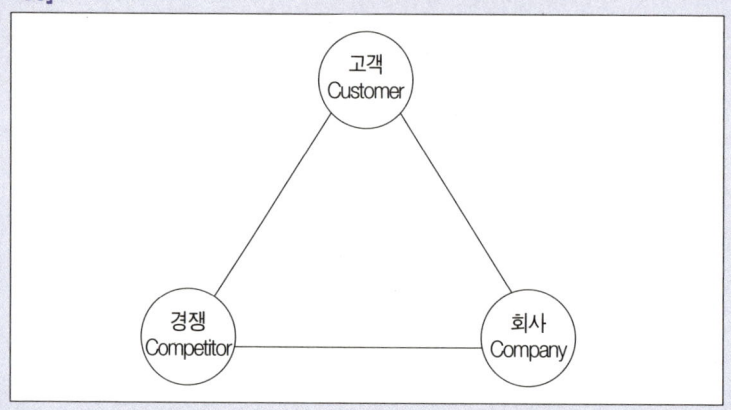

「3C」

그런데 이제까지 신차등록 대수에서 연간 베스트 10에 들어가는 인기차종이었던 것이 베스트 10위권 밖으로 밀려나는 결과를 초래했습니다. 고객은 '소형차라고 해도 아시아 신흥국에서 생산된 것은 품질 면에서 국내에서 생산한 차보다 떨어진다.'라고 하는 의식을 강하게 가지고 있어서 국내에서 생산한 경쟁 상대에게 점유율을 빼앗겨버린 것입니다.

이 경우는 어디까지나 '예'이지만 '3C'의 프레임 워크를 사용할 때에는 자사의 사정만 강하게 주장하지 말고 고객과 경쟁상대에 대한 의식, 행동 등도 똑같이 검토한 후에 자사의 포지셔닝 positioning과 행동을 결정하는 것이 좋습니다.

이직 활동의 케이스에서 '3C'의 프레임 워크를 사용하는 경우라면 자신의 경력과 기술만 가지고 이직 활동의 전략을 고려해서는 안 된다고 하는 말입니다.

자신은 '높은 영업실적을 올린 점이 강점'이라고 생각해서 이직 기업에 어필을 해도 상대가 '고객과의 소통 능력'을 중시한다면 미스매치가 됩니다.

비록 영업실적에 자신감이 있어도 그 점을 전면에 내세우지 말고 고객을 이해하는 프로세스에 힘을 쏟아온 점을 어필하고 그 결과가 영업실적으로 이어졌다고 하는 스토리를 제시하는 편이 좋습니다.

이처럼 'SC'의 프레임 워크는 경쟁과 고객을 고려해서 자신의 전략에 객관성을 부여하기 위한 기본 툴로 사용하는 것입니다.

조직을 개편할 때
프레임 워크 '7S'

사업이나 시장의 변화에 맞춰 조직을 개편하고 싶을 때, 조직 전체의 벡터를 재고하고 싶을 때에 사용할 수 있는 것이 '7S'의 프레임 워크입니다.

기업 등의 조직은 여러 가지 제도와 전략, 구성 위에 많은 인재의 가치관과 기술 등이 녹아들어 기능하고 있습니다. 또 그것들은 서로 상호보완하면서 기업 활동을 하고 결과적으로 기업문화나 독특한 '분위기'를 만들고 있는 것입니다.

그러나 대부분은 평소에 회사의 그런 모습을 당연한 것으로 여기고 활동하고 있습니다.

가령 자신의 회사가 '조직 전체에 속도감이 있다.'라거나 '어떤 일에도 신중하고 견고한 조직이다.'라는 평가를 받아도 왜, 어떤 구조로 인해 그렇게 되었는가에 대해서 명확하게 대답할 수 없을 것입니다.

조직이 원활하게 기능해서 기업의 실적이 올라갈 때는 문제가 없을지 모르지만 실적이 떨어지고 조직이 원활하게 기능하지 못할 때가 바로 문제입니다. 조직의 어느 부분을 어떻게 개편해야 하는지를 모르면 기업 활동에 지장을 초래합니다.

그럴 때 '7S'의 프레임 워크로 조직을 구성하고 있는 요소를 '하드웨어'와 '소프트웨어'로 나눠서 분석하고 하드와 소프트에서 보완관계에 있는 요소를 함께 개선함으로써 조직이 원활하게 돌아가도록 하는 것입니다.

조직개혁에서 실패하기 쉬운 점은 시장과 사업전략의 변화에 대응해서 '하드웨어' 부분을 쇄신했는데도 '소프트웨어' 요소를 바꾸지 못해서 결과적으로 조직의 이름만 바뀌고 내용에는 아무런 변화가 없는 상황에 빠져버리는 것입니다.

'7S'의 프레임 워크는 그러한 실패를 피하는 데 효과적입니다.

'7S'의 하드와 소프트

「하드의 S」

Strategy(전략) : 시장개척, 셰어 확대, 코스트 삭감, 신제품개발 등 사업의 우위성을 창출하고 사업의 벡터를 정하는 활동과 그를 위한 계획

Structure(조직구조) : 조직형태와 매니지먼트 체제, 부문 간 역할

분담 등 사업을 수행하는 데 필요한 사람과 물건의 움직임을 규정하는 것

　　System(사내의 시스템) : 사업의 오퍼레이션에서 재무에 이르기까지 사업에 필요한 정보 시스템, 경영계획과 예산 관리, 의사결정의 구성, 인사평가, 채용육성의 구성 등

「7S」

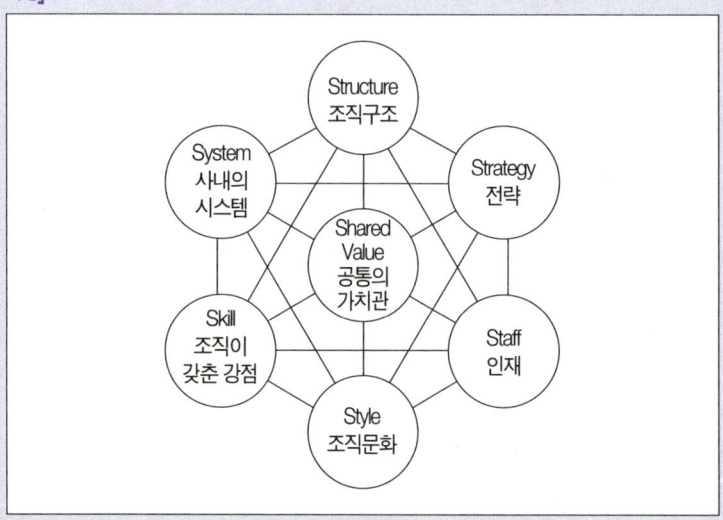

「소프트의 S」

　　Style(조직문화) : 경영 스타일(Top down, Bottom up 등)과 사풍(혁신적·보수적 등), 암묵적 기업문화, 전통

Skill(조직이 갖춘 강점) : 조직이 지니고 있는 우위성(기술력, 개발력, 마케팅 능력, 영업능력, 서비스 등)

Staff(인재) : 조직에 속해 있는 다양한 능력, 경험, 잠재력을 지닌 인재

Shared Value(공통의 가치관) : 조직 전체가 공유하는 이념·비전·목표와 사업활동을 수행하는 데 근거가 되는 가치관 등

이 '7S'의 프레임 워크도 이직 활동과 취업 활동에서 희망 기업의 정보를 조사할 때, 각각 '하드'와 '소프트'의 7개의 S에 그 정보를 적용해서 분석할 수 있습니다.

자신이 '생각을 하면 바로 행동하는 유형'이라면 그런 자립성이 높은 조직 구조를 가지고 있으면서 권한을 위임하는 경우가 많은 조직문화를 지닌 기업을 선택하는 체크를 하는 것입니다.

무엇을 선택해야 할지 모를 때
프레임 워크 '포지션의 매트릭스'

포지션의 매트릭스란 '긴급·중요한 매트릭스'로 어떤 일을 실행할 때의 우선순위를 명확하게 하는 데 효과적인 프레임 워크이지만 실은 다양하게 응용할 수 있습니다.

경쟁이 심한 시장에서 새로운 제품과 서비스 등을 고려할 때, 어떤 포지션의 상품과 서비스의 형태로 하면 좋은가를 명확하게 하는 경우를 생각해보겠습니다.

무알코올 시장이 커지고 있다는 사실은 알고 있을 것입니다. 그중에서도 무알코올 맥주는 K사가 알코올도수 0.00%의 제품을 발매한 것을 계기로 시장이 활성화되었습니다. 경쟁 회사도 뒤를 이어 알코올도수 0.00%의 맥주 음료를 발매했습니다.

그 속에서 A사는 셰어가 답보상태에 있습니다. 그래서 새롭게 시장조사의 데이터와 신제품의 포지셔닝을 검토했더니 한 가지 사실을 알게 되었습니다.

"무알코올 맥주는 잡다한 맛이 많다.", "건강 재료가 많아서 맥주를 마시는 것 같지 않다."와 같은 소비자의 목소리가 많았는데 그런 요구를 충족시켜줄 제품이 없었던 것입니다.

그래서 A사는 경쟁 회사의 '건강, 헬시 지향'의 무알코올 맥주와는 선을 그은 '드라이 제로'라고 하는 드라이 맥주 기호에 가까운 신제품을 개발했습니다. 잡다한 맛의 요인이 되는 보리의 정제수를 사용하지 않고 자연스러움보다 '맥주 감각'을 중시함으로써 기존의 무알코올 맥주가 타깃으로 삼지 않았던 새로운 소비자를 개척해서 늘려나갔습니다.

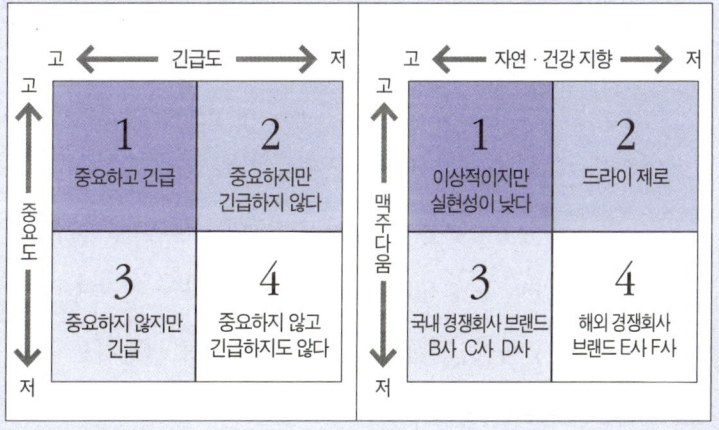

무알코올 맥주라고 해서 모든 소비자가 '건강, 자연' 지향이라고 볼 수 없으며 다소 모험적이지만 맥주가 지닌 특성을 원하는 소비자도 있다는 사실을 발견하고 매트릭스에서 틈새시장을 개

척하고 포지션을 선점해서 셰어 개척이라는 문제를 해결한 것입니다.

과제의 진정한 해결책을 발견하고 싶을 때
프레임 워크 '로직 트리'

다양한 '문제'나 '과제'에 대해서 해결을 위해, 또는 원활한 진척을 위해 무엇을 점검하면 좋은가, 어떤 행동을 취하면 좋은가.

체계적으로 누락과 중복 없이 과제를 분해하고 정리해서 중요한 포인트와 구체적인 해결책을 발견하기 위해 사용하는 것이 '로직 트리'입니다.

예를 들어 '이 차를 사야 하는가.', '이 사람과 결혼을 해야 하는가.'라고 하는 문제를 생각할 때, 여러분은 어떤 식으로 사고를 진행할까요?

"이 차는 외부 디자인은 마음에 들지만 내장이 마음에 들지 않는다." 또는 "저 사람은 진지하고 성실하지만 재미있는 구석이 없다."라는 식으로 체크하지 않습니까?

가령 아래 그림의 로직 트리에서는 전기자동차를 구입하는 경우에 어떤 점을 검토하면 좋은가를 분해하고 있습니다. 이와 같이 분해하면 구입을 하는 데 '누락과 중복이 없는' 검토를 할 수 있습니다.

「로직 트리」

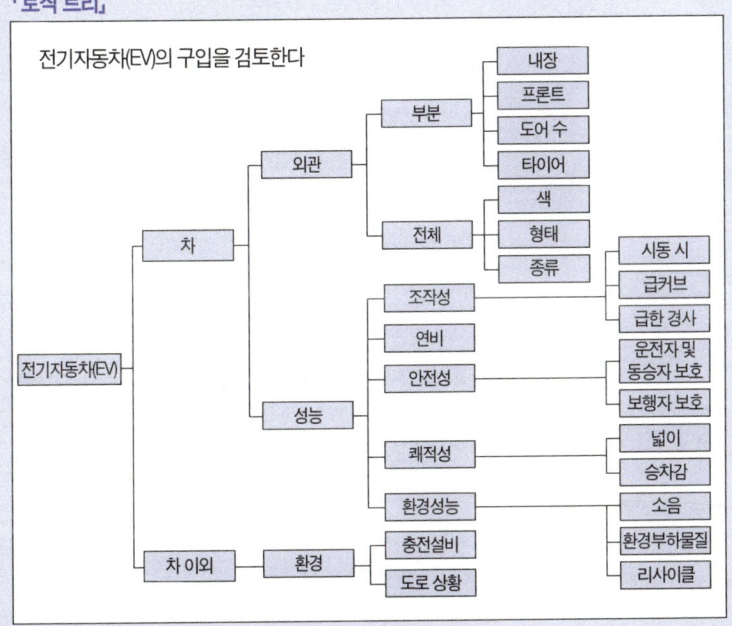

이것이 친구 사이의 허물없는 대화라면 아무런 문제는 없지만

사업이나 인생을 좌우하는 대규모 투자에 대해 결단해야 하는 경우라면 무턱대고 별다른 생각 없이 검토하는 것은 위험성이 너무 큽니다.

어설픈 사고로는 정말로 필요한 검토나 체크해야 할 항목이 모두 '누락과 중복 없이' 리스트 업 되어 있는지 어떤지 확인할 수 없기 때문입니다.

또한 중요한 점을 간과하고 중요하지 않은 것에 시간을 빼앗기다가 기한을 넘겨버리고 뒤늦게 후회를 하게 될지도 모릅니다.

로직 트리를 만들 때의 포인트는 1단계와 2단계에서 '누락과 중복 없이'를 의식하면서 그 일을 검토하는데 '절대로 빼놓을 수 없는 요소'를 정확하게 파악해야 합니다.

그리고 로직의 요소를 체크해가면서 '문제점'이 되는 요소를 발견하면 이번에는 그것이 해결가능한가 어떤가, 또 그 문제점을 '질문'으로 삼아서 새로운 로직 트리를 전개시켜서 '문제를 해결'할 수 있습니다.

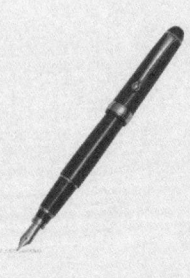

제3강의

맥킨지 식 정보를 다루는 힘

The Mckinsey Way
Textbook for Beginners on
How to Solve Problems

LESSON 3

리서치는 원전을 살펴라

 항상 '완벽한 일'을 지향하는 것이 맥킨지 식 프로페셔널이라고 이야기했습니다.

 그럼 '완벽한 일'이란 대체 어떤 것일까요?

 가령 리서치의 경우. 프로젝트는 클라이언트와의 협동이 기본이어서 엄밀한 기밀유지하에 외부에 공개되지 않는 클라이언트의 기밀 데이터도 취급하면서 일을 합니다.

 그러나 그럼에도 데이터와 정보가 부족한 경우가 있습니다. 그럴 때는 어떻게 해야 할까요? 정답은 '자신들의 발로 찾아낸다.'입니다.

 일반적으로 데이터와 정보라고 하면 책이나 신문, 잡지, 인터넷 등의 미디어 정보를 떠올리지만 이런 정보는 누군가의 손에 의해 수정된 '2차 정보'입니다.

'2차 정보'는 제삼자의 손을 거친 정보이기 때문에 빠진 부분이나 의도적으로 편집된 부분이 있어서 참고 정도밖에 되지 않습니다.

만일 '2차 정보'를 기초로 해서 전략을 세웠는데 그 전제가 된 정보가 잘못된 것이라면 전략은 무용지물이 되어버립니다.

그래서 맥킨지에서는 정보와 데이터를 얻는 리서치는 "반드시 원전을 살펴라.", "철저하게 현장에 가서 확인하라."라는 말을 귀에 못이 박힐 정도로 들었습니다.

그럼 중앙부처나 싱크탱크, 공익법인 등이 발행하는 '백서'는 원전인가 하면 이것은 때와 경우에 따라서 미묘합니다. 왜냐하면 그 정보가 어떠한 경위를 통해 가공되고 정의되었는지를 확인하지 않으면 리서치의 목적에 맞는 적절한 정보인지 아닌지 판단할 수 없기 때문입니다.

맥킨지는 만일 백서를 그대로 인용한 것이라면 '정보'라고 부르지 않습니다. 만일 그런 정보를 사용하려고 한다면 '직접 그 기관에 가서 담당자를 인터뷰'하는 것이 맥킨지 방식입니다.

제가 비즈니스 애널리스트였을 때는 그런 단체에 가서 인터뷰를 신청하면 예상외로 환영을 받았습니다.

찾아보면 다양한 전문 단체가 많이 있는데 단순히 이야기만 들어보는 것도 재미있습니다. 또 싱크탱크에도 야노 경제연구소와 같이 새로운 마켓의 정보를 적극적으로 리서치하는 기관도 있습니다.

그런 곳에서도 어떻게 그런 새로운 시장이 형성되어 있는지, 시장의 정의는 어떻게 되어 있는지, 그 기준은 무엇인지 등에 대해 상세한 설명을 들을 수 있었습니다.

정보를 그대로 받아들이지 말고 직접 그 정보가 태어난 현장에 가면 아이디어를 얻는 경우도 있습니다.

앞에서 이야기한 새로운 식재료의 카페 론칭 검증 프로젝트에서는 앙케트 조사도 했는데 그저 단순히 "앙케트에 협조를 부탁드립니다."라고 하는 방식으로는 안 됩니다.

저희들이 실제 현장에 가는 것은 단순히 앙케트를 하기 위한 목적이 아닙니다. 클라이언트의 스태프와 함께 매장에서 접객을 해서(물론 카페 직원 복장으로!) 고객과 대화를 하면서 아무렇지 않게 고객의 행동과 감상을 관찰하는 것도 목적입니다.

말 그대로 아침에 카페 문을 열 때부터 저녁에 문을 닫을 때까지 접객을 통해 고객과 '대화'를 하면서 '관찰'하고 현장에서 무슨 일이 일어나고 있는지 직접 체험하는 것입니다.

고객이 매장에 들어오면 웃는 얼굴로 인사를 하면서 고객의 반응을 살피고 다른 매장이 아닌 왜 이 매장에 왔는지, 이곳의 음식을 먹고 싶어서 왔는지, 아니면 다른 이유가 있는지, '생생한 목소리'를 축적했습니다. 흡사 경찰의 잠복이나 탐문과 똑같습니다.

경찰도 단지 막연하게 잠복과 탐문을 하는 것이 아닙니다. 나름대로 조사의 가설을 세워서 탐문을 하는 것입니다. 제가 간 이유도 똑같습니다.

예를 들어 아침에 매장을 찾게 하려면 어떻게 하면 좋을까 하는 가설(이슈)을 세우고 자연스럽게 대화를 하거나 고객을 관찰하고 근거가 되는 점포 앞의 통행량 등의 데이터를 카운트합니다.

이와 같이 직접 고객의 목소리를 듣고 '매장을 찾은 한 사람의 고객'이라는 수치가 아니라 처음부터 새로운 식재료에 흥미가 있었는가, 막연하게 음식을 먹을 수 있는 매장에 들어온 것인가 하는 '고객에 대한 인사이트(통찰)'가 가능해집니다.

그곳에서 수집한 고객의 인사이트, 그리고 접객을 하면서 느낀 감상이라고 하는 '2차 정보'와 앙케트 데이터를 종합해서 예상을 뛰어넘는 가치를 이끌어내기 위한 가설을 세워서 검증해가는 것입니다.

이때는 리서치 결과를 근거로 카페 업태이면서 편의점의 출점 전략을 활용할 수 없을까 하고 생각했습니다.

이 발상의 근저에는 한 싱크탱크에서 들은 '편의점 출점과 통행량 조사의 관계식' 이야기가 있었습니다. 수많은 편의점이 같은 길가에 공존할 수 있는 이유에는 통행량과 관련이 있습니다.

편의점은 매장 자체가 목적이어서 오는 것이 아니라 일용품이나 조식과 런치와 같이 필요한 것을 충족시키기 위해 찾는 매장입니다.

말 그대로 편의를 도모하는, 일상생활에 편리한 장소이기 때문에 고객들의 입장에서 보면 자신들이 항상 다니는 길가에 있는 것이 무엇보다 중요합니다.

따라서 고객이 오가는 루트가 다르면 같은 길가에 있어도 괜찮은 것입니다. 그렇다면 매장 앞의 사람의 통행량이 많으면 많을수록 매장에 들어오는 고객이 많아지게 되고 이 발상을 이용한 카페의 출점 전략을 할 수 있지 않을까 하고 가설을 세운 것입니다.

즉 아침식사나 간식으로 새로운 식재료를 어필할 수 있으면 편의점과 같은 출점이 가능하지 않을까 하는 가설입니다.

편의점 발상의 카페라면 주위의 경쟁 음식점에 좌우되지 않고 출점하는 것도 가능해집니다. 벤치마크의 대상을 바꿈으로써 보통의 카페가 하지 않은 서비스를 도입하는 발상으로 연결될지도 모릅니다.

리서치에서 '원전에 살펴라.'라고 하는 말은 이런 식으로 주위에서 흔히 볼 수 있는 정보만 보고는 알 수 없는 '깊은 주의'를 갖는 것이기도 합니다.

즉 원전을 살펴봄으로써 깊은 통찰과 생각지도 못한 새로운 아이디어, 가설로 연결되는 주의의 획득으로 이어지는 것입니다.

물류에 관한 리서치를 했을 때는 반드시 리서치하고 싶은 데이터가 있어서 한 창고에 직접 가서 3일 동안 창고의 입출고 상황을 컴퓨터에 입력한 적도 있습니다.

아날로그적인 방법이지만 원전의 정보를 얻기 위해 그것이 가장 확실하다고 판단했을 때에는 '자신의 발로 확인하는 작업'도 주저하지 않습니다.

예를 들어 한 식품회사의 상품의 시장가치를 알기 위해 실제로 여러 지역의 슈퍼마켓과 판매점에 가서 상품이 어떻게 진열되고 있는지, 누가 언제 어떤 식으로 사는지 관찰하고 그 지역은 어떤 곳인지, 주변을 살피고 다닌 적도 있습니다.

그뿐 아니라 클라이언트의 영업담당과 동행해서 현장에서 무슨 일이 일어나고 있는지, 철저하게 관찰했습니다.

또 동기인 비즈니스 애널리스트 중 한 명은 담당하는 주택설비기기 회사의 경쟁 제품을 조사하기 위해 같은 제품을 구입해서 파괴(!)한 다음 내부의 성분 조성을 조사하기까지 했습니다.

또 식품회사의 클라이언트를 위해 음료수 시장조사를 한 선배는 클라이언트와 경쟁하는 음료수를 모두 시음한 다음 그것을 기호에 따라 표로 제작하기도 했습니다.

그렇게까지 해서 눈에 보이지 않는 데이터를 얻을 수 있고 그것이 반드시 일의 가치에 이어진다는 사실을 알고 있기 때문입니다.

정보를 섹시하게 사용하라

맥킨지에서는 "그거 섹시하다.", "그건 섹시하지 않아."라는 말을 빈번하게 사용합니다.

모르는 사람이 보면 "대체 무슨 얘기를 하는 거지?"라고 의아하게 생각할지 모르지만 굳이 번역하자면 '훨씬 좋다.', '사로잡는 힘이 있다.'라는 뜻입니다.

왜 정보를 다루는 방식에 '섹시한가 아닌가.'라고 하는 것이 관계되는가 하면 같은 정보를 사용한 아웃풋이라도 높은 가치를 창출하는 것과 그렇지 않은 것의 차이를 낳는 것이 '섹시함'이기 때문입니다.

예를 들어 콜라 음료의 카테고리에서 라이벌을 탄산음료만으로 생각하는 것은 '섹시'하지 않습니다. 차나 건강음료도 라이벌이 될 수도 있습니다. 이런 발상으로 정보를 다루는 것은 '섹시'로 이어집니다.

실제로 특정보건용식품이라는 카테고리에서 음식의 지방 흡수를 억제한다고 생각되는 '특정보건용식품 콜라'가 히트를 쳤었습니다. 이것도 '설마 콜라가 건강음료일 리가 없다.'라는 발상에서 벗어나지 못했다면 탄생하지 못했을 것입니다.

맥킨지의 신입연수에서 아직 휴대전화가 보급되지 않았던 당시 "카메라를 사진기라는 발상으로 판매한다면 언젠가 정체될 것이다. 정보를 남긴다고 하는 발상을 하면 어떻게 될 것인가 생각하라."라는 말을 들었습니다.

바로 지금의 카메라가 달린 스마트폰 발상입니다. 즉 눈앞에 있는 정보와 데이터를 그대로 단순하게 분석해서는 '섹시'하지 않고 새로운 가치로도 이어지지 않습니다. 분석이 아니라 거기에서 '창조'하지 않으면 안 된다고 하는 점을 배웠던 것입니다.

맥킨지의 업무를 말할 때, 문제해결을 위해 프레임 워크를 능숙하게 사용해서 행동하는 이미지를 연상하지만 프레임 워크만 가지고는 가치를 창조할 수 없습니다. 프레임 워크도 분명 도구로 사용하지만 거기에서 나온 정보와 지견知見을 어떻게 다룰 것인지, 또 프레임 워크의 절단면 자체를 어떻게 '창조'하는가 하는 것은 개인의 센스입니다.

선배와 상사로부터 "좋은 컨설팅 제안이란 발상이 관건이다. 발상이란 어떤 축으로 자를 것인가가 중요하다."라는 말을 줄기차게 들었습니다. 바로 축을 자르는 방법이 '섹시'한가 아닌가 하는 센스가 중요한 것입니다.

가령 정보를 '긴급과 중요의 매트릭스'로 하면 빨리 처리할 수 있습니다. 다른 한편으로 예를 들자면 클라이언트에게 있어서 '좋고 나쁨'의 축으로 자르는 것이 가치로 이어질지도 모르는 것입니다.

"세그먼트 segment의 발상은 사람의 욕망을 어떤 절단면으로 자를 것인가이다."

동기인 비즈니스 애널리스트도 한 식재료 시장의 세그먼트를 정의하려고 할 때 이런 말을 했습니다. 얼마나 새로운 축을 발견하는가, 클라이언트가 깜짝 놀랄 만한 축을 보여줄 수 있는가, 클라이언트의 가치가 될 수 있는 발상을 할 수 있는가. 그 발상의 시점이 중요합니다.

무미건조한 데이터를 제시하면 사람의 마음을 움직일 수 없으며 가치를 창출할 수 없습니다.

'그거 흥미롭군.'이라고 관심을 끌 수 있는 섹시한 정보인가 아닌가라고 하는 것도 중요한 것입니다.

바람이 불면 오케야(桶屋)는 어떻게 되나?

    정보의 양으로만 말하면 현대의 정보량, 정보접촉도는 일반적인 비즈니스맨이나 컨설턴트도 그다지 차이가 없을지 모릅니다.
    또 다양한 프레임 워크를 이용해도 단지 프레임 워크에 정보를 정리만 해서는 가치가 없습니다. 기존의 프레임 워크에 같은 정보를 정리해도 나오는 아웃풋에는 그다지 차이가 없습니다.
    포인트가 되는 요소는 여러 가지 있지만 큰 요소는 '제로발상의 시점'과 '의미를 생각한다.'라는 점입니다.

    예를 들어 여러분이 클라이언트에게 세상에 어떤 인사제도가 있는가를 제언하기 위해 인사제도에 대한 정보를 분석했다고 합시다.

이 경우에도 단지 같은 업계의 인사제도를 비교하는 시점뿐 아니라 '제로발상'을 해보는 것입니다. 제로발상이란 말 그대로 기존의 발상을 버리고 새로운 발상을 하는 것입니다. 이 경우라면 수익을 올릴 수 있는 구성의 차이에 따라 업계를 그룹화하고 각각의 인사제도의 '중요한 요소'를 분석하는 방법도 있습니다.

의료 현장의 ER(구급의료) 팀과 같은 일을 하는 업계, 가령 컨설팅과 같은 ER형 전문가를 많이 다루는 인사제도 그룹에서는 개인의 능력에 의존하는 부분이 크고, 그 사람 자체의 존재가 중요하기 때문에 기본적으로 연봉제로 대우합니다.

한편 공공 교통기관에서는 안전하고 안정된 운송 서비스를 제공하는 것에 중점을 두기 때문에 조직의 안정된 서비스 제공을 평가하는 인사제도를 만드는 것이 중요하게 여겨지고 있습니다.

이러한 사례를 시점의 차이에서 프레임 워크화하고 정리해서 "귀사에게 인사제도의 의미(의의)는 무엇인가?", "어떤 사례에서 어떤 부분을 응용하는 것이 도움이 되는가?"라고 하는 의미에 대해서 제언을 하는 것입니다.

제로발상의 시점에서 새로운 시점을 발상하고 그 시점에서 적절한 제안을 할 수 있는 것이 정보의 프로페셔널입니다.

같은 정보를 사용해도 "이런 예도 있습니다."에서 끝낼 것인지 "당신에게 이러한 의미가 있는 이야기입니다."라고 하는 부분까지 제시하는 차이라고 말할 수 있습니다.

이 '당신에게 있어서······'라고 하는 상대의 메리트에 대해 언급하는 방법은 여러 상황에서도 사용할 수 있습니다.

보통이라면 단순히 말로 끝날 것을 "○○ 씨가 이런 정보를 찾고 있다는 말을 듣고 떠오른 것인데."라는 식으로 이야기를 전개하면 같은 정보라고 해도 상대에게 가치는 몇 배나 달라지지 않을까요?

예를 들어 여러분이 차를 파는 딜러라고 하고 단순히 팔고 싶은 차의 성능과 특징만 길게 늘어놓아도 계약을 성사시키기 어려울 것입니다. 그런 정도의 정보는 고객도 조사해서 알고 있는 경우가 많기 때문입니다.

그렇지 않고 예를 들어 고객의 시점에서 생각해보는 것입니다.

고객은 차에 무엇을 원하고 있는가? 그 요구에 팔려는 차의 성능과 특징이 매치하는가, 그 매치하는 부분을 '만약 이 차를 타면.'이라는 식으로 스토리로 전달합니다. 그렇게 하면 고객의 관심과 흥미를 끄는 정보가 될 가능성을 창출할 수 있습니다.

항상 '이 정보는 제로발상의 시점에서 정리할 수 있는가?', '누구에게 어떤 의미와 가치가 있는가?'를 의식하면 정보를 전달하는 사람은 상대에게 기쁨을 주는 존재가 될 수 있습니다.

이 사고방식은 "바람이 불면 오케야(역자 주 : 桶屋 – 통메장이, 통장수)가 돈을 버는 방식"이라고도 합니다.

현재 있는 정보로부터 미래에 대한 영향을 읽어낼 수 있기 때문입니다. 즉 상대가(자신이) 원하는 것을 하기 위해서 현재 있는 정보를 어떻게 사용할 수 있는가를 생각하는 것입니다.

여기에서 중요한 것은 '어떻게 되는가.'가 아니라 '어떻게 되고 싶은가.'입니다.

눈앞의 문제해결만 생각하면 바람이 불어도 '먼지가 날린다.' 또는 '춥다.'라는 생각밖에 떠오르지 않습니다.

그렇지 않고 '어떻게 되고 싶은가.'와 같이 미래지향적으로 정보를 취급하면, 예를 들어 양복 케이스를 더 많이 팔고 싶다고 하는 미래지향이라면 바람이 불면 이제부터 추워진다, 추워지면 따뜻한 해외로 여행을 가고 싶어진다, 그러니 '양복 케이스가 잘 팔린다.'라고 하는 발상을 이어가는 것입니다.

평소부터 발상을 미래지향적으로 바꿈으로써 생각하지도 못했던 일을 이룩한 사례와 이야기를 읽거나 들어서 비축해두어야 합니다.

그러면 바람이 불면 생각지도 못했던 발상의 스위치가 켜질 가능성이 높아집니다.

제4강의

맥킨지 식 문제해결능력을 높이는 사고술

The Mckinsey Way
Textbook for Beginners on How to Solve Problems

LESSON 4

동전의 양면으로 생각해서는 안 된다

우리들 주위에는 매일 다양한 뉴스가 흐르고 있습니다.

대부분 '흠, 그런 일이 있어났군.' 하고 생각하며 지나가는 경우가 많을지 모르지만 중요한 것은 그 다음입니다.

그 뉴스가 자신과 자신의 일, 혹은 클라이언트에게 어떤 의미가 있을까? 하고 생각하는 습관을 가지고 있는가 하는 점입니다.

「So What?(그래서 어떻게?)」라는 시점으로 그 일이 어떤 영향을 가져올지를 자기 나름대로 분석해야 합니다.

자문자답으로 트레이닝을 해서 자신의 내면에 데이터베이스에 축적되면 어떤 문제가 일어났을 때에도 당황하지 않고 그 영향을 판단해서 적절한 행동을 취할 수 있게 됩니다.

생각하는 순서는 먼저 그 일에서 무엇을 배울 수 있는가, 어떤 의미가 있는가를 생각합니다. 다음은 시점을 바꿔서 「하늘·비·우산」의 로직과 같이 자신이 취해야 할 행동을 생각합니다.

주의해야 할 점은 '동전의 양면'으로 생각하지 않는 것입니다.

예를 들어 'A라고 하는 상품의 매출이 저하'된 문제가 발생했을 때 단순히 '매출이 저하되었으니 판촉을 늘려야겠다.'라고 생각한다면 '동전의 양면'으로 생각한 발상입니다.

그래서는 그 현상이 지닌 의미와 영향을 생각하지 못한 것이라고 할 수 있습니다.

깊이 사고해서 사태의 핵심을 파악해보면 본래 A라고 하는 상품이 시장에서의 역할이 적어졌기 때문에 A라는 상품에 투자하는 경영자원을 다른 상품에 사용하는 것이 새로운 성장으로 이어질 수 있다는 발상을 할 수도 있습니다.

이것은 현실만 보고 문제해결을 하는 것이 아니라 미래지향적으로 문제해결을 하는 일로 이어집니다.

본래 본연의 바람직한 상태는 'A라고 하는 상품'에 집착하지 않고 향후의 시장에서 성장해가는 상태입니다. 이때 맥킨지 방식의 '문제해결' 기술과 프레임 워크를 사용하면 '보이지 않았던 선택지'가 보입니다.

이것이 바로 문제해결의 가치입니다. 아직 보이지 않는 가능성을 가시화하고 현실화하기 위해 맥킨지 식 '문제해결'의 기술과 프레임 워크가 존재하는 것입니다.

포기하지 않는 '오타구 치카라'

샤프한 절단면을 통한 문제제기, 논리적이고 물이 흐르듯 진행되는 프레젠테이션, 이것이 맥킨지답다고 일컬어지는 '문제해결'의 이미지이지만 정말로 클라이언트에게 높은 평가를 받는 일일수록 로직은 '후기後記'일 뿐이라고 하면 놀라실 듯합니다.

강한 의식을 가지고 '문제해결'에 임하고 있을 때 일종의 번뜩임이 문제해결을 가속시키는 경우는 절대로 드문 일이 아닙니다.

처음에 번뜩임이 있고 그 번뜩임으로 이어진 프로세스를 분석하면 거기에는 반드시 로직이 성립하기 마련인데 그것이 반드시 가소적可塑的이라고 할 수 없습니다.

독자적인 가설(이슈)을 세우고 틀에서 벗어난 제로발상을 통해 일견 평범하게 생각하면 관계가 없는 듯한 정보들을 연결해주는 키 드라이버를 발견하고 '이것이다!'라고 하는 해답을 이끌어내는 것이 맥킨지 식 문제해결입니다.

그것을 가능하게 해주는 것은 프레임 워크나 로직이 아니라 (물론 툴로써는 필요하지만) 철저하게 노력하고 포기하지 않는 사고입니다.

어떤 의미에서는 '오타구 치카라(역자 주 : 한 가지 일에 몰두하는 힘)'라고도 할 수 있습니다. 절대로 잘난 체하며 로직을 사용해서 기계적으로 해답을 이끌어내는 것이 아닙니다.

오감을 맑게 하라

맥킨지와 같이 조금 특별한 환경에 있기 때문에 그런 번뜩임이 생기는 것이 아닌가? 이렇게 생각하는 분도 계실지 모르지만 그렇지 않다고 단언할 수 있습니다.

어떤 환경에서라도 자신만의 번뜩임이 생기게 할 수 있습니다. 오감을 단련하는 것도 번뜩임과 관련이 있습니다.

매일 일에 쫓겨서 피곤하고 맑은 사고를 할 수 없는 분에게 권하는 것이 수면시간의 리셋입니다.

속는 셈치고 일주일 동안 매일 저녁 10시에 잠자리에 들어보도록 하지요. 가능하면 10시 조금 전에 자는 것이 이상적입니다. 3일 정도 계속하면 개운하고 맑아지는 것을 느낄 수 있습니다. 그렇게 10시에 자면 한밤중에 눈을 뜬다고 할지 모르지만 그것도 괜찮습니다.

 새벽 3시나 4시에 '자연스럽게' 눈이 떠지면 그 시간부터 일이나 공부 혹은 사고를 하는 시간으로 삼아야 합니다.

 평소에 피곤에 지친 몸을 이끌고 늦은 밤까지 활동하고 아침에도 피곤이 가시지 않은 채 무리하게 일어나는 생활에서는 느낄 수 없는 '뭔가 다른 감각'을 느낄 수 있을 것입니다.

 그런 감각이야말로 평소와는 다른 맑으면서 오감이 잘 발달한 감각에 가깝습니다. 역시 될 수 있으면 피곤함이 쌓이지 않는 이른 시간에 잠자리에 들고 아침 일찍 일어나는 편이 감각이 맑아지고 좋은 사고를 할 수 있습니다.

 맥킨지 사람들이 이런 것을 의식했는지는 모르지만 비교적 '아침형' 인간이 많습니다.

 '아침 활동 시간'이 되기 전의 블랙퍼스트 미팅은 당연한 일입니다. 미국인 파트너(임원)와 일을 했을 때에는 종종 아침 8시부터 샌드위치와 홍차와 커피를 마시면서 1시간 동안 집중적으로 미팅을 했는데 대단히 순조로웠던 것을 기억합니다.

 아침이 사고에 집중할 수 있고 좋은 아웃풋으로 이어진다는 것을 맥킨지의 사람은 경험적으로 알고 있었던 듯합니다.

 이런 이야기를 하면 "기껏 아침 5시에 일어났는데 4시간밖에 자지 못해서 몸이 괴롭습니다. 그래도 아침 일찍 일어나는 편이 좋겠지요?"라고 말하는 사람이 있습니다.

그런데 이것은 너무 무리한 일입니다. 휴식도 중요합니다. 심신을 쉬지 않고 피곤이 쌓여서 감각이 둔해지면 아무리 새로운 인풋을 늘려도 아무것도 안으로 들어오지 않습니다. 아무리 생각해도 도저히 생각이 정리되지 않는 상태란 심신이 휴식을 원하고 있는 신호이기 때문입니다.

맥킨지에 N이라는 선배가 있었는데 M&A 등의 터프한 프로젝트에 쫓기다 보니 겉으로 보아도 너무 피곤에 지쳐 있다는 것을 느낄 수 있었습니다.

그런데 얼마 동안 얼굴이 보이지 않아서 '괜찮은 건가?'라고 걱정을 했는데(맥킨지는 부와 과 등의 조직이 없고 프로젝트 단위로 팀을 이루기 때문에 만나지 못할 때에는 몇 개월 동안 얼굴도 보지 못합니다.) 오랜만에 사무실에서 만난 N은 너무나 개운한 표정을 하고 있었습니다.

"아니, 대체 어떻게 된 일이에요?"

N에게 가서 물어보니 "명상을 시작했다."고 했습니다.

저는 N이 명상을 시작한 일, 게다가 고된 일을 하는 데도 활기찬 모습에 두 번 놀랐습니다. 일하는 양은 변하지 않았는데 명상을 하면 오감이 발달해서 사고가 맑아지고 들어오는 정보의 '좋고 나쁨'도 자동적으로 분류할 수 있다고 합니다. 반대로 여유가 생기고 전처럼 황망함을 느끼지 않게 되었다고도 했습니다.

분명 사고가 둔해지면 이런저런 쓸데없는 일에 생각이 많아지고 결국 생산성이 떨어지기 마련입니다. N 선배처럼 정식 강사의 지도를 받아서 명상을 하는 것도 오감을 맑게 해서 사고를 맑게 하는 방법 중 하나입니다.

스티브 잡스도 생전에 다망한 날들 속에서도 반드시 토요일 아침에는 좌선을 하고 명상을 했다고 합니다.

바쁠 때일수록 오히려 사고를 맑게 하는 시간을 만들어야 합니다.

릴렉스하면서 집중한다

'사고가 지치지 않는 것'도 사고의 질과 아웃풋의 질을 높이는 데 중요한 일입니다.

사고가 지쳐 있는 사람일수록 아무리 사고를 해도 좋은 결과로 이어지지 않아서 점점 깊은 수렁으로 빠져버립니다.

그래서 무턱대고 이런저런 방법을 쓰다가 방법을 기억하기 위해 하는 것인지, 좋은 사고를 하기 위해 하는 것인지조차 알 수 없어지게 됩니다. 이래서는 계속 불안만 가중되고 일의 전체가 뒤틀려버립니다.

바빠서 사고를 잘할 수 없거나 사고가 지치는 것이 아니라 바쁘기 때문에 '맑은 사고'를 유지할 필요가 있습니다. 그렇지 않으면 바쁘게 휩쓸려 다니다 중요한 일과 중요하지 않은 일이 뒤엉

커서 분간할 수 없게 됩니다.

그런 상태로는 클라이언트에게 하는 프레젠테이션에서 '무슨 말을 하는지 알 수 없다.'라는 말을 듣기 쉽고 자신감도 잃고 모든 일이 잘 풀리지 않는 경우가 많아집니다.

그래서 릴렉스하면서 집중하는 것이 중요합니다. 뇌는 피곤하지 않고 릴렉스하면 자연스럽게 집중을 할 수 있는 특징을 가지고 있습니다.

다시 말하면 '사고의 낭비를 없애는 것'도 업무에서 가치를 창출하는 데 중요한 요소입니다. 맥킨지의 프레임 워크는 사고의 낭비로 인해 지치는 것을 없애는 데에도 유효한 툴입니다.

우리는 "바빠서 생각할 시간이 없었다."라는 말을 자주 하는데 사실은 좋지 않은 말입니다. 사고의 달인이 되면 아무리 바빠도 중요한 것만 단숨에 알아차릴 수 있기 때문에 생각할 시간이 없어도 '생각하고 있는 것과 똑같은 상태'를 유지할 수 있습니다.

바쁘지만 릴렉스한 상태를 유지하면 사고를 혹사하지 않아도 '자신도 모르는 사이에 많은 아웃풋을 만들어내는 일'이 당연한 일처럼 일어납니다.

릴렉스하면서 집중하는 상태에서는 새로운 인풋을 해도 이해를 잘할 수 있고 번뜩이는 아이디어도 잘 떠오릅니다.

맥킨지 사람들은 사고를 맑게 하는 것이 인생의 KFS(Key Factor

For Sucess = 성공의 열쇠)라고 생각할 정도로 대단히 중요합니다.

그럼 사고는 어떻게 맑게 유지하면 좋을까요?

사람마다 방법은 다르지만 누구나 하기 쉽고 효과적인 방법은 먼저 휴식을 잘 취해서 몸과 마음의 피로를 없애야 합니다. 그리고 몸을 움직이는 것, 재미있고 즐거운 일을 하면서 '노는 것'입니다.

조깅이나 수영, 다이빙 또는 선禪을 하는 사람도 있습니다. 공통된 점은 즐거운 일, 그래서 '무심無心해질 수 있는 일'입니다.

맥킨지 시절에는 동기와 함께 일주일에 2~3번은 수영을 했는데 헤엄을 치고 있으면 점점 무심해지고 이런저런 쓸데없는 잡념이 사라집니다. 몸의 긴장감도 사라지고 개운하고 맑아졌던 것을 기억하고 있습니다.

오마에 씨도 자주 "좋아하는 것을 하면서 놀아라."라고 말했습니다. 오마에 씨도 많은 취미를 가지고 있었는데 클라리넷을 연주하는 등 자신만의 시간을 가지는 다양한 방법을 가지고 있었습니다.

무심한 상태가 돼서 무언가에 집중하고 있을 때라는 것은 릴렉스하면서 집중하는 상태에 가까운데 그런 상태로 리셋을 하면 '맑은 사고'를 회복할 수 있는 것입니다.

프레임 워크적 사고술

'사고의 낭비를 막는다.'라는 것도 일에서 가치를 창출하는 데 중요합니다. 맥킨지의 프레임 워크는 그를 위한 유효한 툴이라는 사실은 이미 말씀을 드렸습니다.

그럼 사고의 낭비를 막기 위해서 프레임 워크를 어떻게 사용하면 좋을까요? 맥킨지에서 이용하는 프레임 워크는 수없이 많지만 사고의 낭비를 막는 목적이라면 프레임 워크를 이용하지 않아도 '프레임 워크적 사고'를 하면 충분히 가능합니다.

먼저 어떤 주제라고 해도 사고를 시작하기 전에 목표 이미지를 정합니다. 자신이 어떤 모습이고 싶은지, 어떻게 되고 싶은지를 명확하게 이미지해야 합니다.

가령 '이직에 대비해서 자격시험 공부를 어떤 식으로 할 것인가.'라는 주제로 사고를 시작한다고 가정합니다. 먼저 자신의 진정한 목적(자신이 되고 싶고, 유지하고 싶은 모습)이 어떠한가에 따라 자격시험을 위해 검토해야 할 일과 필요한 정보가 달라집니다.

만일 그 자격을 가지고 있는 사람이 업계에 진출해서 바로 업무 경험을 쌓고 싶으면 우선 그 업계에 뛰어들어서 실제로 일을 하면서 자격 공부를 하는 방법이 있습니다. 그편이 실제 업무에 도움이 되는 조언도 받을 수 있을 것입니다.

미래의 선택 옵션으로 자격을 따는 것이 목적이라면 정말로 그 자격이 앞으로의 인생 플랜과 경력에 도움이 되는가도 검토하는 편이 좋습니다.

포인트는 '눈앞의 문제'에만 사고의 초점을 맞추지 않는 것입니다.

예를 들어 이 경우의 '눈앞의 문제'란 자격시험의 공부를 어떤 방법으로 할 것인가입니다. 분명히 이것도 정해야 하는 주제이지만 제1강의에서 말한 것처럼 '무엇이 진정한 문제인가.'라는 점을 정확하게 파악하지 않으면 시간을 투자해서 생각한 것이 '정말로 하고 싶은 일이 아니었다.'라는 결과를 초래하기 쉽습니다.

가령 자격취득이 진정한 목적이 아니라 '자신을 어필할 수 있는 무기가 필요한' 것이 진정한 문제라면 자격을 취득하는 방법이외에도 다른 방법이 있습니다.

자격을 따서 어떻게 하고 싶은가를 처음에 생각해야 진정한 문제를 파악할 수 있고 사고의 낭비를 막을 수가 있습니다.

자신의 '진정한 문제'를 파악했다고 가정합시다. 다음으로 자신이 바라는 모습이 되기 위한 방법에 대해서 좀 더 발상의 틀을 넓히고자 할 때에는 어떻게 할 것인가. 이런 사고가 구체화되면 실제로 프레임 워크에 적용해볼 수 있습니다.

앞에서 나온 3C라고 불리는 분석 프레임 워크, Customer(고객), Competitor(경쟁), Company(회사)를 자기 자신에게 적용해보는 것이 좋습니다.

이직의 경우라면 자신의 강점은 무엇인가? 이직을 하고 싶은 회사(고객)가 원하는 능력은 무엇인가? 다른 이직자는 어떤 접근 방식으로 그 회사에 이직할 수 있었는가? 이와 같이 분석하고 자신의 강점을 어떤 식으로 활용해야 이직 활동의 KFS(성공의 열쇠)가 되는가를 명확하게 하는 것입니다.

자신의 틀을 벗어던져라

　자신의 강점과 KFS(성공의 열쇠)를 발견해도 아직 그것만으로는 뭔가 부족한 느낌이 들 때가 있습니다.

　이럴 때는 자신의 강점과 KFS가 명확해졌으니 '그 외에도 다른 사용 방법이 있을지 모른다.'라고 가능성을 넓혀보면 좋습니다. 즉 다른 것에 응용할 수 있지 않을까하는 발상의 전환을 하는 것입니다.

　여기에서도 중요한 점은 '자신이 어떻게 되고 싶은가.', '무엇을 하고 싶은가.'에 따라 자신의 강점을 활용하는 것입니다. 만일 여러분이 영업 경력을 쌓아왔다고 하고, 자신의 영업경력과 영업실적 중에서 자신의 강점은 '고객의 문제발견능력이다.'라는 점이 명확해졌다면 이직은 영업직이 아니어도 괜찮습니다.

극단적인 예이지만 학원 강사가 돼서 학생들이 '공부할 때 빠지기 쉬운 맹점'을 능률적으로 발견해서 학생들의 학력을 크게 향상시켜줄 수도 있을 것입니다.

이것 역시 '문제발견능력'의 활용법 중 하나입니다.

지금까지 여러분의 경력의 틀을 뛰어넘어서 발상을 넓히고 새로운 가능성을 발견한다는 것은 바로 이런 것입니다.

하지만 많은 사람들이 여기에서도 '눈앞의 문제(= 이 경우에는 영업 경력을 살린 이직)'만 생각하기 때문에 발상을 넓히지 못하고 자신의 장점과 KFS를 잘 활용하지 못해서 방황하는 경우가 많습니다.

발상의 틀을 넓히면 좀 더 좋은 가능성을 많이 발견할 수 있다고 생각하는 것이 맥킨지 방식입니다.

개인적인 영역에서 본 경우에도 문제해결을 할 때, 발상의 틀을 넓히려고 하는 사람은 많지만 '자신의 틀의 영역'을 알지 못합니다. 틀을 넓히거나 벗어던지는 경우에도 본래 자신의 틀은 무엇인가를 인식하지 못하면 어렵습니다.

예를 들어 어떤 사람이 '대인관계'를 좀 더 좋게 하고 싶다고 가정합시다.

로직 트리를 사용해서 사고를 정리해보면 '상대에게 무언가를 잘 전달하지 못한다.'라는 점이 진정한 문제라는 사실을 알고 있다고 합시다. 다음으로 그 문제를 해결하기 위해 왜, 상대에게 정확하게 전달하지 못하는가 하는 점에 초점을 맞춰서 사고를 하면 실은 자신의 마음속에 '부조화를 일으키고 싶지 않다.'라고 하는 마음이 강해서 상대에게 정확하게 전달하지 못하는 문제가 일어난다는 사실을 발견했습니다.

상대와의 관계에서 부조화가 생긴다면 침묵하는 편이 좋다는 신념이 있기 때문에 무언가를 상대에게 정확하게 전달하지 못했던 것입니다.

여기에서 '틀'이란 '부조화를 일으키고 싶지 않다.'라고 하는 마음입니다. 자신에게 그런 '틀'이 있었다는 사실을 인식함으로써 비로소 그 틀을 벗어던질 수가 있는 것입니다.

그러나 '틀'인 신념과 마음을 인식하지 못하면 이 '틀'을 벗어던지거나 넓힐 수는 없습니다.

성공하고 싶다, 좀 더 좋아지고 싶다고 말은 하지만 자신의 무의식 속에 '나는 그럴 만한 가치가 없을지 모른다.'라는 생각이 멘탈 블록의 틀로 자리 잡고 있으면 잘되지 않습니다. 왜냐하면 '그럴 만한 가치가 나에게는 없다.'라는 멘탈 블록이라는 마음의 틀이 실제로 성공하는 것과 좋아지는 것을 방해하기 때문입니다.

이 멘탈 블록인 틀을 깨닫고 벗어던지면 좋은 방향으로 유도할 수 있습니다. 보이지 않는 틀이 새로운 가능성의 발견을 방해하고 있는 것입니다.

실은 조직의 문제를 발견할 때에도 똑같은 경우가 있습니다. 매니지먼트들을 인터뷰하면 "우리 사원들은 왠지 의욕이 없다."라는 말을 하면서 사원들의 모티베이션을 올리는 일이 과제라고 말합니다.

하지만 그것은 어디까지나 매니지먼트들의 틀에서 본 바라본 관점에 지나지 않습니다.

실제로 사원들을 인터뷰해보면 단순히 매니지먼트들과의 커뮤니케이션에 문제가 있거나 호감을 가지고 있지 않았던 점이 과제라는 사실을 알 수 있었습니다.

모든 사람들은 자기 자신을 포함해서, 자신만의 틀을 가지고 있습니다. 그렇게 생각하고 항상 자기 자신의 틀과 상대의 틀을 의식하는 편이 좋습니다.

먼저 어떤 틀을 가지고 있는가를 의식함으로써 '틀'을 벗어던질 수 있고 새로운 가능성을 발견하기 쉽기 때문입니다.

자신의 '틀'을 깨는 간단하고 추천할 만한 방법 중에 의식적으로 자신의 행동을 바꾸는 것도 있습니다.

예를 들어 평소에 그다지 전통과자를 먹지 않는 사람이라면 과

자를 사러 전통과자를 파는 매장에 가봅니다. 그리고 사서 가지고 온 전통과자에 달린 숟가락이 보통의 플라스틱이 아니라 '나무로 만든 숟가락'이라면 왜 나무 숟가락인가를 생각해봅니다.

'나무 숟가락은 혀의 감촉도 좋고 전통과자의 맛을 훼손하지 않는다! 전통적인 맛에 어울린다. 그렇구나, 그래서 진짜 나무 숟가락이 들어 있는 것이다.'

이와 같이 평소에 의식적으로 자신의 틀을 벗어던짐으로써 새로운 발상을 얻을 수 있는 것입니다.

사실과 의견으로 구분하라

 다른 사람과의 대화 속에서 사고를 잘할 수 없을 때 중요한 것이 있습니다.
 '다른 사람의 말을 잘 듣는 것은 중요하지만 항상 상대방의 말을 듣는 사이에 그 사람의 이야기에 휩쓸려서 생각이 몽롱해진다.'
 이런 사람은 상대의 이야기에 귀를 기울이면서 상대의 이야기를 듣고 자신이 어떻게 하면 좋을지 판단하지 못해서 사고를 정리하지 못하기 때문입니다. 그래서 맥킨지에서 가르치는 것이 '사고의 분해'에 관한 테크닉입니다. 그다지 어렵지 않습니다. 상대의 말에 고개를 끄덕이며 상대의 말을 '의견'과 '사실'로 분해하는 것입니다. 예를 들어 상대가 "우리 회사 회의는 시시하고 시간도 너무 길다."라고 말했다면 "그렇군요." 하고 긍정하면서 마음속으로는 그것은 그 사람의 '의견'이라고 분류합니다.

그리고 왜 그렇게 느끼는지 이야기를 더 들어봅니다. 그러면 실은 회의의 내용 대부분이 '의사를 설명하는 데 소비되고 창조적인 의견과 제안이 없다.'라는 것이 사실이며, 그것이 '진정한 문제'라는 것을 발견할 수 있게 됩니다.

그렇다면 긴 시간이 문제가 아니라 창조적인 의논을 할 수 있는 노력이 없는 점이 문제라고 사고를 명확하게 할 수 있습니다. 그런데도 '시간이 길다.'라는 사실을 '사실'이라고 단정하고 시간을 단축하는 방향으로 생각하면 '진정한 문제'의 발견에서 멀어져버립니다.

마치 '사고의 동시통역'을 하는 느낌이 들어서 처음에는 어렵게 느낄 수 있지만 경험이 쌓이면 상대의 이야기를 들으면서 자동적으로 대체적인 분류를 할 수 있게 됩니다.

그렇게 되기 위해서는 젊을 때부터 다양한 사람의 이야기를 들어야 합니다. 그리고 말을 하면서 '의견'과 '사실'로 분류하는 습관을 익혀야 합니다. 처음에는 '의견'과 '사실'로 분류하지 못하고 변화를 전혀 느끼지 못해도 괜찮습니다. 일단 그렇게 분해하는 사고의 씨앗을 심어놓으면 초조해하거나 의심하지 않는 것이 중요합니다. 왜 빨리 싹이 트지 않을까 하고 도중에 그만두거나 다른 방법을 찾고 싶어지기도 하지만 도중에 땅을 파서 들춰보면 '의견'과 '사실'로 분해하는 습관의 싹이 시들어버립니다.

싹이 나오는 타이밍은 사람마다 다르고 외부로부터의 자극에 의해 다릅니다. 그런 의미에서 회사의 경우라면 무슨 일이 있든지 3~5년은 눈앞의 일을 계속하면서 다양한 인풋을 늘려가는 일에 집중하는 것이 중요합니다.

뇌과학을 기초로 감성분석연구를 하고 있는 구로가와 야스코 黒川保子 씨는 인간의 사고와 뇌의 성장에 대해서 이렇게 말했습니다.

"인간의 뇌가 성인의 뇌(본질을 아는 뇌)가 되는 데는 50년 반. 그를 위해서는 30대까지 뼈아픈 고통을 포함한 다양한 선택지를 경험하고 뇌의 회로에 우선순위를 구축해야 한다."

(『운이 좋은 사람의 뇌과학』, 구로가와 야스코, 신쵸 문고)

젊은 시절의 실패의 경험과 고생, 가슴 아픈 이야기를 포함해서 다양한 인풋이 형성되어 있으면 50대 이후 진정한 어른이 되었을 때, 일일이 '이것은 필요한가 불필요한가.'라고 생각하지 않아도 저절로 본질적인 사고 판단이 가능하고 궁극적으로 뛰어난 인간이 되는 것입니다.

'질문'에서 시작하라

　클라이언트는 어떻게 하면 성공하는가? 클라이언트의 성공의 열쇠는 무엇일까? 그를 위해서는 클라이언트는 무엇을 해야 할까?
　맥킨지에서는 항상 그것을 생각하면서 모든 일을 보고 생각하라고 끊임없이 가르칩니다.
　여러분에게는 이런 경우가 없습니까?
　어느 날, 태블릿 PC를 갖고 싶다는 생각이 들었다고 가정합시다. 그러면 그때부터 지하철을 타도 태블릿 PC 광고에 눈길이 가거나 인터넷을 할 때에도 자신도 모르게 태블릿 PC 기사나 배너를 클릭하기도 합니다.
　우리들은 자신이 '무엇에 신경을 쓰고 있는가 = 어떤 질문을 가지고 있는가'에 따라 정보의 인풋과 사고의 작용이 늘어납니다.

단 '희망'을 그대로 사고의 기준으로 삼아서는 안 됩니다. 이 점은 주의해야 합니다. 태블릿 PC를 갖고 싶다는 것은 '희망'이기 때문에 원하는 마음만 가지고 생각하면 정말로 필요한가 어떤가, 디메리트는 없는가 하는 사고가 작동하지 않게 됩니다. 그래서 필요한 작업이 '희망'을 '질문'으로 변환하는 작업입니다.

'태블릿 PC를 갖고 싶다!' → '태블릿 PC를 살 필요가 있을까?'라는 질문을 하고 그 질문에서 사고와 검증을 시작함으로써 올바른 판단에 다가갈 수 있습니다.

이것은 이슈 드리븐 Issue Driven 이라고도 하는데 '질문에서 시작하라.'고 바꿔 말하는 것이 알기 쉽고 실제적입니다.

일상생활과 업무에서도 모든 사고의 기준에 '질문에서 시작'하는 것이 습관화되어 있으면 자신의 일에도 객관적인 사고와 판단을 하기 쉽습니다.

왜냐 하면 '질문'의 현시점에서는 YES / NO 어느 쪽도 포함한 상태이기 때문에 치우침이 없는 공평한 사고를 할 수 있습니다. 인도 시장에 진출한다는 테마를 생각할 때에도 '진출하고 싶다.'가 아니라 '진출해야 할까?'로 생각하는 것입니다.

'질문에서 시작'하는 사고를 할 때는 다양한 프레임 워크를 사용하는 것이 효과적입니다. 반대로 말하면 '어떻게 해야 할까?'라는 질문을 하지 않고 프레임 워크 등의 로직을 사용해도 결국 어떻게 하고 싶은가가 드러나지 않고 애매모호해지기 때문에 권장할 수 없습니다.

프레젠테이션에서도 로직을 많이 사용하고 프레임 워크를 사용한 분석도 하고 있지만 듣는 사람이 '대체 무슨 말을 하고 싶은 거지?' 하고 생각하는 경우는 대체로 '질문'에서 시작하는 것을 잊어버린 경우입니다.

그 질문의 핵심은 무엇인가?

'질문'을 가질 때 중요한 것이 두 가지 있습니다.

첫 번째는 '질문'을 한 마디로 말할 수 있도록 하는 것입니다.

'태블릿 PC가 유행인데 어떤 점이 편리한가, 액정의 크기가 마음에 걸리지만 내가 잘 사용할 수 있을까, 또 어떤 것을 고르면 좋을지 모르겠는데, 친구가 추천하는 기종을 선택해야 할지 아니면 다음 모델이 나올 때까지 기다려야 할 것인가.'

이런 질문으로는 무엇이 가장 중요한지 알 수가 없습니다.

한 마디로 말할 수 없는 '질문'에서 이런저런 점들을 생각하게 되면 사고가 분산되고 결국 거기에서 나온 답으로는 행동으로 옮길 수 없습니다.

'질문'이 복잡하거나 핵심이 파악할 수 없는 것은 아직 그 질문이 명확한 문제의 본질을 꿰뚫고 있지 못하다는 말입니다.

정말로 맑고 명확한 사고를 할 수 있게 되면 '질문' 그 자체도 심플해지고 힘을 지니게 됩니다. 만일 지금 자신이 가지고 있는 '질문'이 한 마디로 말할 수 없는 것이라면 좀 더 자신의 질문을 정밀하게 가다듬어서 '무엇이 가장 문제인가.'를 생각해야 합니다.

자신의 '질문'의 핵심을 파악하려면 어떻게 하면 좋을까요?

여러 가지 방법이 있지만 간단한 방법은 질문 속에서 '가장 중요한 것'을 반드시 세트로 생각하는 것입니다.

예를 들어 클라이언트를 방문하기 위해 이동하는 지하철 속에서 '지금부터 방문하는 A사의 최우선 과제는 무엇이었는가.'를 생각함으로써 질문의 핵심을 명확하게 할 수 있습니다.

아무런 도구도 필요 없고 언제 어디서나 가능하기 때문에 추천합니다. 질문의 핵심을 파악하고 포인트를 벗어나지 않고 목적을 달성할 수 있습니다. 그 외에도 질문의 핵심을 파악하기 위해 '읽은 책의 내용을 한 마디로 설명하면 무엇일까?'라고 자신의 머릿속에서 생각하는 것도 효과적입니다. 질문의 핵심을 파악한다는 것은 좋은 질문을 하는 일과도 연결됩니다. 비즈니스에서도 클라이언트에게 어떤 질문을 하는가에 따라 클라이언트의 '진정한 문제'를 파악할 수 있는가가 달라집니다.

질문의 핵심을 파악하기 좋은 질문이란?

질문의 핵심을 파악하기 위해서는 '좋은 질문'을 하는 것이 중요합니다. 그럼 '좋은 질문이란 어떤 질문인가?' 하고 당혹해하는 분도 있을지 모릅니다.

'좋은 질문'에는 상황에 따라 다양하게 정의할 수 있겠지만 제가 생각하는 '문제해결로 이어지는 좋은 질문'이란 일단 판단하는 자세를 접어두고 '배우는 자세'로 상대를 대하는 것입니다.

'분명 이러할 것이다.'라고 처음부터 단정하고 자신이 내린 판단의 해답에 따라서 질문을 하면 질문의 핵심에 다가갈 수 없습니다.

단정하지 말고 상대에게 '자신이 아직 모르는 정보'와 '자신에게는 없는 사고방식' 등을 배우는 마음으로 질문을 하면 상대방도 자신이 깨닫지 못하고 놓치고 있던 일이나 새로운 가능성으로 이어지는 키워드를 떠올릴 수 있습니다.

인간은 상대의 질문으로 인해 '맞아, 그 말을 하고 싶었다.'라고 하는 것이나 '아, 그게 중요하구나.'라고 재인식할 수 있는 점을 발견하면 질문하는 상대에게 친밀감과 신뢰감을 느낍니다.

그렇게 되면 일이나 문제해결의 파트너로서 '이 사람에게는 더 적극적으로 정보를 제시하자.'라는 마음이 생깁니다. 결과적으로 '질문의 핵심'도 파악하기 쉬워지고 가치가 높은 아웃풋으로 이어갈 수 있는 것입니다.

좋은 질문을 하기 위한 기본적인 자세
※ 상대의 반응에 주의를 기울인다.
※ 순수한 호기심을 가지고 듣는다.(자신의 생각과 판단은 일단 접어둔다.)
※ 상대의 발언과 생각에 대해 판정을 하지 않는다.
※ 소박한 의문을 중요하게 생각하고 질문을 한다.
※ '왜 그러한가?'라고 사고와 통찰을 깊게 한다.

● 시점을 바꾸는 질문의 예
※ 당신이 고객이라면 어떻게 해주길 바랍니까?

✽ 만일 현재의 일을 하고 있지 않으면 무엇을 하고 있을 것이라고 생각하십니까?

✽ 인생 전체에서 보았을 때 이 일의 중요성은 어느 정도입니까?

● 원인을 찾는 질문의 예

✽ 전체의 프로세스 중에서 거부감을 느끼는 것은 어느 부분입니까?

✽ 자신이 현재 처해 있는 환경에서 편안함을 느끼는 것은 어떤 점입니까?

✽ 하고 싶어도 실행에 옮기지 못한 일은 무엇입니까?

● 상대의 가치관을 알 수 있는 질문

✽ 당신이 충족되었다고 느낄 때는 언제입니까?

✽ 당신이 소중하게 여기고 있는 것 중에서 무엇과도 바꿀 수 없는 것은 무엇입니까?

✽ 천만 원을 하루에 다 쓴다면 어디에 사용하겠습니까?

그 '질문'은 진정한 질문인가

'질문'을 가졌을 때 또 한 가지 중요한 건 그 '질문'이 진정한 질문인지 아닌지 하는 점입니다.

'질문'에 진짜와 가짜가 있나? 하고 생각할지 모르지만 있습니다. 가짜 질문이란 본래 그때 해답을 찾지 않아도 괜찮은 '질문'이나 답을 할 수가 없는 '질문'을 가리킵니다.

게다가 성가신 것은 '일견 진짜 질문처럼 보이지만 실은 가짜'인 경우도 있으니 주의를 해야 합니다.

여러분도 평소 친구에게 다음과 같은 상담을 받는 일이 있을 것입니다.

"요즘, 살이 좀 쩌서 다이어트를 위해 운동을 하고 싶은데 A와 B 중에 어디가 좋은 거 같아?"

이 상담의 경우 'A와 B의 어느 피트니스에 가야 하는가.'라는 것이 '질문'입니다. 하지만 진정한 문제는 '살이 쪘다.'라는 사실입니다.

그렇다면 실은 식생활의 균형에 문제가 있을지도 모르고 혹은 운동뿐 아니라 불규칙한 생활 전반에 문제가 있을지도 모릅니다.

즉 'A와 B의 어느 쪽 피트니스에 가야 하는가.'라는 '질문'의 앞에 왜 최근에 살이 찌게 되었는지 구체적으로 체중은 얼마나 변했으며 그 외에 마음에 걸리는 점이 없는지 본질을 찾아볼 필요가 있습니다.

만일 건강상 다른 점에도 변화가 있다면 본래 '어느 피트니스에 가야 하나.'라는 질문은 가짜 '질문'이고 진짜 질문은 '건강검진을 받아야 할까.'가 됩니다.

업무의 경우에서도 어떤 '질문'이 던져졌을 때 그대로 무조건 생각하기 시작하지 말고 그 질문이 진짜인지 가짜인지 파악하는 습관을 갖도록 해야 합니다.

제가 맥킨지 시절에 한 소비재 회사의 식품경영전략 프로젝트 팀에서 일을 할 때의 일입니다.

경쟁회사의 상품을 이기기 위해 판매 전략을 다시 세워야 하는가 하는 '질문'을 가지고 일을 하고 있었는데 정말로 그 '질문'이 옳은지 어떤지를 판매 현장에서 파악해보기로 했습니다.

소비재 회사의 영업담당자와 함께 거래처인 슈퍼마켓에 가서 실제로 상품 상담 현장에 동석하거나 매장에 나가서 상품이 어떤 고객층에게 어떤 식으로 팔리고 있는지를 관찰했습니다.

그때 중요한 것은 아무 생각 없이 지켜보는 것이 아니라 의식적으로 보는 것입니다.

상품을 손에 든 고객은 망설이지 않고 상품을 집었는가, 경쟁회사의 상품과 비교하고 있는가, 비교를 하면 무엇을 보는가, 그 외에 다른 상품을 함께 사는가 등 여러 가지 질문을 생각하면서 보는 것입니다.

그렇게 관찰하는 사이에 점차 소비자가 상품을 선택하는 중요한 요인은 '가격'이라는 사실을 발견하게 되었습니다. 대부분의 소비자는 경쟁회사의 상품을 포함해서 상품 간의 차이는 그다지 의식하지 않고 사고 싶은 타이밍에 '가격'이 싼 것을 선택하고 있었습니다.

그런데 판매 촉진을 위한 프로모션에 자금을 투입하면 일시적인 효과밖에 기대할 수밖에 없습니다. 즉 판매 전략을 어떻게 하는가 하는 '질문'이 아니라 어떻게 코스트를 줄여서 가격을 인하하기 위한 비용을 염출하는가 하는 '질문'으로 초점을 옮기는 편이 판매를 더 늘릴 수 있을 것이라고 생각했습니다.

거기에서부터 물류비용의 근본적인 삭감을 통한 판매 경비를 삭감할 수 없는가 하는 아이디어로 이어졌습니다.

처음에 설정한 '질문'이 어긋나면 나오는 해결책도 어긋나게 되어 있습니다. 그래서 진정한 이슈(가설)가 되는 '질문'을 명확하게 하는 것이 중요합니다.

전체적인 그림을 잊어서는 안 된다

　자동차의 판매대수가 떨어지고 있다는 뉴스를 들었습니다.
　'그런가, 역시 친환경 시대에는 연료비도 비싸니 차를 타지 않는 사람들이 많아지는 것 같군.'
　이런 식으로 생각할지도 모릅니다. 하지만 자동차 시장 전체를 조망하면 자동차를 사지 않는 추세 속에도 판매대수가 증가하고 있는 카테고리도 있습니다.
　하이브리드 자동차는 물론이고 푸치 밴이라고 불리는 콤팩트하면서 큰 높이에 슬라이드 도어로 실내를 넓게 만든 유형의 차종과 액티브 시니어에게 인기가 있는 스포츠 유형의 차종은 의외로 잘 팔리고 있습니다.

즉 자동차가 전혀 팔리지 않는다고 단정 지을 수 없다는 것입니다.

액티브 시니어에게 스포츠 유형의 자동차가 꾸준히 팔리고 있다는 사실은 눈앞의 나무만 보고 자동차업계 전체라는 숲을 보지 않으면 보이지 않습니다.

'자동차가 팔리지 않는다.'고 하는 키워드를 들어도 그것만으로 판단을 하면 전체를 잘못 인식하게 됩니다. 더 나아가서 비즈니스에서 기회손실로 이어질지도 모릅니다.

스포츠 유형의 자동차를 타는 액티브 시니어는 물건에 대한 집착이 강한 성향이 있습니다. 이 말은 스포츠 유형의 자동차와 관련된 상품 시장에도 가능성이 있다고 생각할 수 있다는 것입니다.

그런데도 눈앞의 자동차 시장이 축소되고 있다고 해서 모든 가능성을 닫아버리는 것은 시야를 너무 좁게 만들어버리고 맙니다.

맥킨지에서는 이런 식으로 '만사를 빅 픽처(큰 그림)로 보라, 시점을 높게 해서 브로드 뷰(넓은 시야)를 가져라.'라는 말을 강조하고 있습니다.

바야흐로 '글로벌한 시야로 발상을 하라.'고 하는 말이 당연한 것처럼 사용되는 시대입니다.

맥킨지는 예전부터 전 세계의 오피스가 'One Firm'인 경계가 없는 하나의 조직으로 작동되는 회사여서 보다 글로벌한 빅 픽처(큰 그림)를 그리는 것은 흔한 일이었습니다.

그 덕분에 국가와 지역의 틀을 뛰어넘은 사고방식도 자연스럽게 배울 수 있었는지도 모릅니다.

오마에 겐이치 씨가 하던 간사이關西의 그랜드 디자인(간사이 지역의 활성화 플랜)의 제언에 관한 프로젝트를 도왔을 때의 일입니다.

글래스고나 싱가포르의 사례를 들면서 간사이는 일본 국내가 아닌 중국 등의 아시아를 시장으로 삼는 발상의 전환을 해야 한다고 제언하는 것을 보고 깜짝 놀랐습니다.

그렇습니다. 오마에 씨는 저희들에게도 이렇게 말했습니다.

"일본 지도를 거꾸로 해보라."

일본의 위치에서 발상을 하면 일본의 위쪽에 중국 대륙이 있고 일본 왼쪽에 아시아 각국이 보이는데, 이것이 당연한 것처럼 생각되었습니다.

하지만 지도를 거꾸로 해서 중국과 아시아 각국에서 일본을 보면 그 나라들에서 가장 가까운 것은 바로 일본이었습니다.

즉 간사이라면 아시아에 보다 가깝기 때문에 일본 국내의 시장만 생각하지 말고 중국과 아시아의 시장과 어떻게 연결시킬 것인가 하는 발상이 자연스러운 일이 됩니다.

   이것도 빅 픽처(큰 그림)로 본다고 하는 일례입니다.

   그 발상의 연장선상에서 생각하면 일본에서 성공하고 나서 해외로 진출하는 것이 아니라 반대로 해외에서 성공해서 일본으로 진출한다고 하는 비즈니스 방식도 생각할 수 있습니다.

   현재의 일이 진척을 보이지 않고 정체된 느낌이 들 때에는 한번 과감하게 일본을 떠나서 해외에서 발상을 해보는 것도 좋을지 모릅니다.

엘리베이터 테스트를 하라

높은 관점에서 '질문의 핵심'을 파악하고 있는가?

머릿속으로만 생각해도 모를 때에는 자신이 파악한 '질문의 핵심'을 아웃풋해서 다른 사람에게 보여주도록 합니다.

포인트는 '30초 이내에 말할 수 있는가?' 하는 점입니다. 앞에서 이야기한 것처럼 '진정한 문제'란 심플한 것입니다. 길고 장황한 설명이 필요하다면 아직 '질문의 핵심'을 파악하지 못한 것입니다.

그래서 시도하는 방법이 '엘리베이터 테스트'라고 하는 단시간에 하는 프레젠테이션입니다.

말 그대로 엘리베이터를 타고 이동하는 순간처럼 상대에게 짧은 시간(30초 정도) 안에 '질문의 핵심'을 한 문장으로 전달하는 것입니다.

'그런 걸 30초 만에 하는 건 무리이다!'라고 생각할지 모르지만, 누군가와 엘리베이터 안에서 아무 말도 하지 않고 보내는 시간이 꽤 길게 느껴지는 것처럼 30초라는 시간은 의외로 긴 시간입니다. 15초짜리 CM을 2편이나 볼 수 있는 시간이기 때문에 '질문의 핵심'을 파악하고 있으면 효과적으로 상대에게 메시지를 전달할 수 있습니다.

분속 200미터 속도의 일반적인 고층빌딩 엘리베이터라면 30초에 30층을 이동할 수 있으니 아주 좋은 상황입니다.

아무리 바쁜 클라이언트의 담당자나 상사라고 해도 30초 정도의 이동하는 시간이 없을 리 없습니다. 그런 시간에 능숙하게 '중요한 점'을 전달하면 서로에게 플러스가 됩니다.

"A사에 대한 신상품 제안 건은 결제가격이 거래 성립의 포인트입니다. 따라서 10%의 가격조사를 검토하고 싶습니다만, 부서 간 조정을 진행해도 괜찮겠습니까?"

이런 식으로 '문제점 + 해결책 + 실시방법'을 포함한 '문제의 핵심'을 간결하고 명확하게 프레젠테이션할 수 있다면 상대는 순간적으로 YES나 NO의 판단을 할 수 있습니다.

상대에게 긍정적인 대답을 들으면 '문제의 핵심'을 정확하게 파악하고 있는 것이 됩니다.

응용 버전으로는 미팅을 할 때, 참가하는 멤버가 사전에 의제나 테마별로 '문제점 + 해결책 + 실시방법'을 포함한 '질문의 핵심'을 포스트잇에 기입해서 서류에 붙인 다음 그것을 기준으로 의논하는 방법도 있습니다.

엘리베이터 테스트나 포스트잇 미팅에서도 사고가 정리된 상태로 이동하는 것이 좋은 결과를 얻기 위한 키포인트입니다.

'질문의 핵심'을 파악하고 나서 행동에 옮기는 습관을 지니면 좋은 가치를 이끌어낼 확률은 훨씬 높아집니다.

제5강의

맥킨지 식 자신의 능력을 향상시키는 방법

The Mckinsey Way
Textbook for Beginners on How to Solve Problems

LESSON 5

자신의 존재를 발휘한다

맥킨지와 같은 조직에서는 모두들 움직임 하나에도 낭비가 없고 완벽해서 마치 영화 '매트릭스'에 나오는 에이전트처럼 근접할 수 없는 쿨한 모습을 연상할지 모릅니다. 하지만 전혀 그렇지 않습니다.

물론 일을 할 때에는 최고의 질을 지향하는 집단이지만 한 사람의 인간으로 보았을 때에는 좋은 의미에서 모두 어수룩한 부분이 있어서 그것이 인간적 매력인 사람이 많습니다.

개인이 조직에 매몰되지 않고 한 사람 한 사람의 존재가 도드라져 보이는 것이 맥킨지의 특징이었던 것 같습니다.

그 배경에는 책의 모두에서 언급한 것처럼 입사 3~5년 만에 자신이 하고 싶은 일을 찾아 떠나는 사람이 많다고 하는 점도 있을지 모릅니다. 자신의 존재를 어떻게 고양시켜 나갈까, 어떻게 발휘해 나갈까 하는 것을 항상 의식하는 사람이 많았기 때문이라고 생각합니다.

바로 독립할 마음도 없고 다른 사람을 움직이는 지위에 있지 않으면 '자신의 존재를 발휘하는 방법'은 자신과는 상관이 없다고 생각해서는 안 됩니다.

어떤 조직에 속해 있건 언제 무슨 일이 일어날지 모르는 시대입니다. 현실에서는 조직에 속해 있으면, 어느 날 완전히 다른 환경에서 전혀 새로운 일을 시작해야 하는 경우조차 일어날 수 있습니다.

그때, 어디에 속해 있거나 어떤 상황에서든 '자신을 확립하고 자신의 존재를 발휘하는 방법을 알고 있는 사람'은 아주 유리합니다.

저도 맥킨지 시절에 '자신을 확립하자.'라고 의식을 한 것은 아니지만 주위 사람의 높은 레벨을 지향하는 에너지를 실감하고 있었기 때문에 그 에너지의 영향을 받았을 것입니다.

업무나 사적인 경계 없이 철학서에서 경제학까지 다양한 책을 읽는 사람이 많았기 때문에 책도 많이 샀었고, 동료나 동기와 아침까지 술을 마시면서 토론을 하기도 했습니다.

그런 에너지의 자기장 안에 속해 있으면서 자신도 모르는 사이에 다양한 것들을 흡수할 수 있었고 자신의 능력을 고양시켜 나갈 수 있었던 듯싶습니다.

어떤 사람은 이러이러한 일로 자신의 존재를 고양하고 모두에게 필요한 존재가 되고 있다, 그렇다면 나는 어떤 부분에서 자신의 존재를 고양하고 모두에게 필요한 존재가 되면 좋을까? 무의식중에 이런 생각을 하면서 일을 하고 있었는지도 모릅니다.

예를 들어 맥킨지에는 리서치 전문가가 있었는데 당시 리서치를 통괄하고 있던 선배는 리서치 분야에서 최고의 실력을 인정받는 정보수집의 달인이었습니다.

선배에게 "이런 정보가 필요합니다."라고 의논을 하면 "그거라면 ○○ 자료를 이용할 수 있어."라는 식으로 리서치에 관한 일은 무엇이든 의논할 수 있었기 때문에 모든 컨설턴트가 의지할 수 있는 존재였습니다.

제가 자신의 강점과 능력을 실감한 것은 오히려 맥킨지를 졸업하고 인사조직 계통의 컨설팅 회사인 왓슨 와이어트에 들어간 다음이었습니다.

클라이언트와 이야기를 할 때나 당시 왓슨 와이어트의 대표였던 다카하시 슌스케 씨(현 게이오 의숙대학 SFC 연구소 수석위원)가 담당하고 있던 클라이언트에 대한 자료를 정리할 때에 "여기에서는 무엇이 중요한가?"라는 질문을 들으면 고민하지 않고 '질문의 핵심'을 말할 수 있었습니다.

저는 현재 컨설턴트로 독립해서 다양한 조직의 문제해결을 해결하고 있는데 여러 상황에서 저의 강점을 확인할 수 있습니다.
의견과 사실이 뒤엉켜서 복잡해진 토론 속에서도 '질문의 핵심'을 발견해서 의논하는 당사자들에게 맞는 역할을 명확하게 제시하고, 그들의 장점을 이끌어내서 문제해결에 임할 수 있도록 팀 빌딩을 합니다. 이는 모두가 맥킨지에서 단련된 능력이라고 할 수 있습니다.
물론 여기에서 말하고 있는 '강점'과 '능력'은 제 경우의 사례이지 여러분들의 경우와는 당연히 다를 것입니다. 그러니 여러분도 반드시 자신의 '강점'과 '능력'을 명확하게 파악하시길 바랍니다.
이때 중요한 점은 자신이 활동하던 분야를 떠나면 그 분야에서의 성과를 얻지 못한다는 사실입니다. 자신의 개성과 특징은 무엇인가? 장기는 무엇인가를 잘 알아야 합니다.
동료와 선배, 친구와 '의논'하는 것도 좋습니다. 그 '강점'을 어떻게 살려나가는가를 자문자답해보아야 합니다. 멘토가 있으면 멘토와 상담하는 것도 좋습니다.
우리들에게는 자신의 모습이 아닌 모습이 되려고 하는 경향이 있습니다. 가령 얌전한 사람은 밝고 활기찬 사람을 부러워하고 그렇게 되려고 합니다. 또 밝고 활기찬 사람은 때때로 얌전하고 조용한 사람에게 매력을 느끼고 그렇게 되려고 하는 경향이 있습니다. 하지만 본래 자신의 모습이 아닌 모습이 되려고 하는 것은 아주 어려운 일입니다.

자신의 본래의 장점과 강점을 발전시켜 나가야 합니다. 그렇지 않으면 이제까지의 귀중한 경험과 시간이 쓸모없는 것이 되어버리고 맙니다. 자신이 아닌 자신이 되려고 하지 말고 초지일관 자신을 고양시켜 나가는 것이 결국에는 자신에게 가장 큰 결실로 되돌아옵니다.

겉모습도 중요하다

겉모습은 중요합니다.

겉모습을 치장하라는 말은 아닙니다. 여기서 말하는 겉모습을 소중히 하라는 말은 '내부에 있는 것이 외면으로 나타난 모습'인 겉모습에 항상 신경을 쓰라는 의미입니다.

맥킨지 사람들에게서 받는 인상 중에 "양복을 입고 있다.", "활력이 넘친다."라고 하는 말을 들은 적이 있는데 이런 인상이 어디에서 오는 것인가 하면 실은 모두 내면에서 오는 것입니다.

물론 복장이나 소지품의 대부분이 질이 좋은 것이지만 누구나 그런 것들을 한다고 맥킨지답게 보이는가 하면 그렇지 않습니다.

내면의 사고방식, 인생에 대한 자세, 마인드 세트 등의 요소가 '최고를 지향하고 최고의 일을 하는 것을 목표로 하기 있기 때문에 자연스럽게 이런 요소를 체현해주는 상질의 물건에도 공감하고, 가지고 싶고, 입고 싶어지는 것입니다. 그 결과로 자연스럽게 겉모습에서 상질의 느낌을 받는 것이라고 생각합니다.

다시 말하면 그만큼 내면이 충실하면 그것이 겉모습으로 나타난다는 말입니다.

반대로 말하면 겉모습이 초췌해보이고 상대에게 위화감을 주는 것은 내면의 에너지가 몽롱하거나 일에 대한 자세가 부정적으로 보인다는 말이기도 합니다. 그럴 때는 자신의 사고가 맑지 않은 상태, 즉 정확한 판단을 내릴 수 없는 상태라고 단정할 수 있습니다.

그런 내면의 상태가 겉모습에 드러나면 잘 풀릴 일도 잘 풀리지 않을 것입니다.

따라서 겉모습이 중요하다는 말은 자신의 상태를 올바르게 유지하는, 즉 사고가 맑은 상태를 유지하고 있다는 척도가 된다는 점에서 대단히 중요한 일입니다.

"내면의 에너지를 자신이 어떻게 할 수 있습니까?"

이런 질문을 받을 때도 있습니다. 분명 자신의 힘만으로 자신의 내면의 에너지를 충전하기에 어려울 때도 있습니다. 그것이 쉬운 일이라면 인생의 달인일 것입니다.

저 같은 경우는 평소에 일찍 자기, 아침 산책, 요가와 몸에 좋은 식사를 하는 것에 신경을 씁니다. 이를 통해 상당한 에너지를 충전할 수 있습니다. 이런 배려가 자신의 내면을 맑게 하고 결과적으로 사고가 맑아집니다.

그리고 좀 더 사고를 맑게 해서 내면에도 에너지를 충전하고 싶을 때에는 과감하게 평소의 환경에서 벗어나서 자연 속으로 들어갑니다. 며칠만이라도 자연 속에서 여유롭게 지냅니다.

맨발로 땅을 밟으며 걷거나 모내기를 돕기 위해 논에 들어가기도 합니다. 그러면 평소의 생활과 일에서 느낄 수 없었던 것을 느낄 수 있습니다. 흙의 부드러움과 따뜻함, 바람의 향기나 다양한 생명의 기척, 오감을 통해서 자신의 생명이 교감하고 있는 듯한 기분이 듭니다.

특별히 무언가를 애써 느끼려고 하거나 받아들이려고 하지 않아도 저절로 내면에서 자신을 강하게 만들어주는 무언가가 들어오는 듯한 느낌이 듭니다.

그렇게 하루나 며칠 동안 자연 속에서 보낸 다음 여러 가지 일을 생각하면 그때까지 잘 정리되지 않았던 일이나 방향성을 잃었던 것이 하나의 벡터가 돼서 움직이기 시작합니다.

어떤 메커니즘으로 그렇게 되는지 뇌과학이나 자연과학, 생물

학 등 다양한 분야로 설명할 수 있는 부분과 할 수 없는 부분이 있습니다.

하지만 제가 항상 느끼는 것은 '인간은 그런 식으로 되어 있다.'라는 사실입니다.

흡사 팽팽하게 당겨진 시위에서 손을 놓으면 화살이 날아가는 것처럼 내면에 에너지가 충전되어 있으면 이제는 손을 놓기만 하면 자신의 존재감이 저절로 발산되는 것이라고 생각합니다.

만일 열심히 노력해서 어떤 일을 했는데 잘되지 않을 때에는 아직 자신의 내면에 화살이 날아갈 만큼의 에너지가 충전되어 있지 않은지도 모릅니다. 에너지가 충전되면 저절로 사고가 맑은 상태가 되고 겉모습도 활기가 넘기고 매력을 발산하기 시작합니다.

때로는 그런 식으로 내면과 외면, 양쪽의 시점에서 스스로를 객관적으로 점검해볼 필요도 있습니다.

심플한 도구를 가져라

자신의 소유물, 특히 비즈니스라면 업무 도구에도 자신의 '존재'가 드러납니다.

가령 노트의 경우, 맥킨지 사람들은 어떤 노트를 사용하는지 흥미를 느낄지 모르겠지만 의외로 평범한 대학노트를 사용하는 사람이 많았습니다.

펜에는 저마다 기호가 있는데 노트에 집착하는 사람은 별로 없었습니다.

왜 그런지 생각해본 적은 있지만 결국 사고를 심플하게 하는 것과 같이 노트의 모양이나 쓰는 방법이 중요한 것이 아니라 '질문의 핵심'에 잘 접근할 수 있는 용도가 중요하기 때문인 듯합니다.

제 경우에도 노트를 선택할 때, 얼마나 사고를 정리하기 쉬운

가, 질문의 핵심에 접근해서 가치가 있는 발상을 창출할 수 있는가 하는 점을 고려합니다. 저는 대학노트 1권에 모든 사고의 편린을 적어둡니다.

테마별로 노트를 가지고 있어도 되겠지만 몇 권이나 되는 노트를 전부 보지는 않을 것이고 가지고 다니기에도 불편합니다. 그래서 어차피 사용하지 않는다면 처음부터 없는 편이 좋다고 생각합니다.

도구를 사용해서 정보를 분류하는 일에 시간과 생각을 사용하는 것보다 가능한 강하게 인풋할 수 있는 것을 무조건 받아들여서 데이터베이스를 구축하는 편이 좋다는 것이 맥킨지 방식입니다.

그래서 정말로 필요한 정보만 노트에 적어둡니다. 또 노트에 '남기는 일'이 목적이 아니라 '쓰면서 자신의 머릿속에 인풋하는 것'이 목적입니다. 노트에 쓰면서 동시에 프레임 워크적인 사고를 작동해서 좋은 아웃풋을 이끌어내는 힌트가 되는 정보를 정리하는 것입니다.

예를 들어 이야기를 하면서 노트에 적을 때에도 '사실과 의견'으로 구분해서 적거나, 노트를 반으로 구분해서 쓰는 것도 방법 중 하나입니다. 또 의문점 등도 적어두면 단순한 기록을 위한 노트가 아니라 사고를 깊게 하기 위한 도구로 기능하는 노트로 만들 수 있습니다.

 사용하지 않는 것은 정보를 포함해서 본래 자신 안에 받아들이거나 소유하지 않도록 의식하는 편이 좋습니다.

 맥킨지와 같이 컨설팅 일을 하다 보면 자료와 정보가 엄청나게 늘어나는데 당시에는 필요한 정보와 도구지만 앞으로 계속해서 필요한 것은 그다지 많지 않습니다. 게다가 정보의 경우는 요즘 클라우드 환경이 갖춰져 있기 때문에 소유하지 않아도 필요한 때 필요한 정보를 꺼내기도 간단해졌습니다.

 가지고 있는 업무 도구나 정보를 심플하게 한다. 이것이 왕도입니다. 항상 그런 의식을 지님으로 인해 맑은 사고를 유지할 수 있기 때문입니다.

 물건이나 정보를 너무 많이 가지고 있으면 마치 자석과 같아서 점점 쓸모없는 것까지 끌어들여서 맑은 상태를 유지할 수 없게 됩니다.

 물건이나 정보가 많아지면 사고도 중복됩니다. 물리적으로 생각해도 많은 물건을 지니면 민첩하게 행동할 수 없습니다.

 이것도 필요하다, 이게 없으면 곤란할지 모른다고 생각하기 시작하면 '이것으로 하자.'라는 판단도 점점 둔해집니다.

그래서 물건과 정보도 최소한으로 심플하게 하는 유지하는 것이 좋습니다. 그리고 상질의 업무 도구를 가지고 상질의 정보를 얻는 일에 주의를 기울여야 합니다. 즉 자신을 고양시키는 업무 도구나 정보에 둘러싸인 환경을 만드는 것입니다.

본래 일류, 진정한 에너지를 지닌 것은 갈고닦은 강인함과 존재감을 가지고 있습니다.

될 수 있으면 일상생활 속에서 이러한 '좋은 것'으로부터 좋은 에너지를 흡수하는 것이 자신의 의식을 고양시키는 일로 이어집니다. 사치스러움이 아니라 평소에 사람을 움직이는 힘을 지닌 것, 발상의 원점을 가르쳐주는 것과 교감하고 접촉하는 일에 의미가 있는 것입니다.

교본을 가져라

여러분에게는 '항상 뒤를 따르고 싶은 사람'이나 '항상 자신을 좋아해주는 사람'과 같은 존재가 있습니까?

맥킨지는 일에 타협하지 않고 늘 높은 곳을 지향하는 전문가 집단이지만 일을 함에 있어서 '스승'으로 삼고 싶은 존재, 혹은 무슨 일이건 의논을 할 수 있는 멘토와 같은 존재를 가지고 있는 사람이 많은 것도 사실입니다.

저도 스승으로 삼은 선배, 멘토와 같은 존재가 있었습니다.

'이 사람은 대단하다.'라고 생각하는 선배를 발견해야 합니다. 그리고 그 선배가 평소에 어떤 식으로 일을 하고 있는지, 어떤 일을 하고 있는가를 알고는 대단하다고 생각한 일을 받아들여야 합니다.

저는 당시 맥킨지에 있던 선배에게 프로젝트나 일의 진행 방법을 의논했습니다. 또 파이낸스 전문가였던 선배가 파트너에게 정기적으로 보고·연락·의논을 하는 방식과 자료를 '메모'와 함께 제출하는 방법을 배웠고 흉내를 내기도 했습니다.

여기에서 말하는 '메모'란 보고·연락·의논 등의 목적을 간결하게 한 줄로 요약하고 현재의 상황이나 진전 상황, 그리고 마지막에 향후의 진행 방식을 한 장에 정리한 것입니다. 그리고 자료를 메모 아래에 붙여서 파트너의 데스크에 놓는 것입니다.

이 방법은 맥킨지를 졸업하고 나서도 바쁜 의뢰인과 정보와 상황을 공유할 때 큰 도움이 되고 있습니다.

컨설팅이란 다시 말하면 '사람의 지혜'를 어떻게 이끌어내는가라고 할 수 있기 때문에 한 개인의 제한된 범위 안에서는 나오는 지혜는 제한적일 수밖에 없습니다. 그렇기 때문에 상사, 선배, 동기에게 먼저 의논을 하고 회사 안의 지혜를 이끌어낼 수 있도록 유의했습니다.

어떤 분야에 대해 모르는 점이 있으면 그 분야를 잘 알고 있는 사람에게 물어보았습니다. 평소에 서로 잘 알지 못하는 사이라도 그 사람도 가벼운 마음으로 상담에 응하는 경우가 많았습니다.

최근에는 이런 식으로 직접 커뮤니케이션을 하는 것을 주저하는 사람도 적지 않은 듯합니다. 상대가 자신을 바보취급하면 어떻게 하지, 무시할지도 몰라 하고 부정적인 마음이 앞서서 타인에게 배우는 일에 뒷걸음질을 치는 것입니다.

그럴 때는 어떻게 하면 좋을까요?

별로 어렵게 생각할 필요가 없습니다. 순수하게 배우면 그뿐입니다. 사람은 아무런 흑심 없이 열린 마음으로 "가르쳐주세요!" 하고 다가온 상대를 거절하지 못합니다.

조금 성가신 마음이 들지도 모르지만 "무슨 일인데요?" 하며 받아들이게 됩니다.

그런데 너무 부담을 느끼게 부탁하면 "지금 바빠서 어렵다."라고 거절을 합니다. 상대에게 부담이 되지 않을 정도의 가벼운 느낌으로 먼저 다가가는 것이 포인트입니다.

제가 어떤 지역의 활성화 플랜을 고찰하는 프로젝트에 참가했을 때, 싱가포르의 활성화 전략이 참고가 될까 해서 외무부에 근무하고 있던 선배에게 싱가포르의 정책에 대해서 "좀 가르쳐주세요!" 하고 부탁한 적이 있습니다.

예를 들어 상대에게 자신이 먼저 '작은 친절(자료를 빌리는 등)'을 부탁하면 그 정도라면 '그 정도 부탁은 언제든지 괜찮다.'라고 하는 경우가 있을 것입니다.

그러면 작은 친절을 베푼 사람은 '저 정도로 괜찮을까? 음, 이

자료도 도움이 될지 모르겠군.'

　이런 식으로 또 다른 친절을 베풀고 싶어집니다.

　심리학에서 이런 인간의 심리를 '프랭클린 효과'라고 합니다. 정치가인 벤저민 프랭클린이 한 말로 '누군가에게 친절을 베푼 사람은 상대에게 좀 더 친절한 행위를 하고 싶어진다.'라는 것입니다.

판결을 내리지 않는다

　다른 사람에게 배울 때나 정보 수집을 위해 인터뷰를 할 때 공통되는 중요한 점이 있습니다.

　그것은 '있는 그대로' 들어야 한다는 것입니다.

　그런데 이것이 항상 '사고의 분해'를 하면서 이야기를 듣는 논리적인 사고방식과 모순되지 않나? 하고 생각하는 사람도 있을지 모릅니다. 하지만 다릅니다.

　여기서 말하는 '있는 그대로'라는 것은 논리적 사고를 하지 않는다는 말이 아닙니다. 처음부터 '저 사람은 왠지 어려울 것 같다.' 또는 '이것은 유명하지 않아서.', '중요하지 않은 것 같다.'와 같이 자신의 막연한 생각으로 판결을 내리지 않는다는 의미입니다.

자기 주변의 사람, 물건, 정보에는 수많은 가능성이 있습니다. 이런 중립적인 시점을 갖는 것은 제로발상과도 연결됩니다.

실패에도 가능성이 내재되어 있습니다.

실수를 했다고 생각될 때, 얼핏 실패한 것처럼 보이는 일에도 실은 나중에 되돌아보면 당시 실패했던 일로 인해 결과적으로 좋은 방향을 찾을 수 있었던 경우는 많습니다. 중요한 것은 실패와 판결을 내리지 않고, 얼핏 실패한 것처럼 보이는 일을 통해 좋은 점은 무엇인가, 거기에서 발견한 가능성은 무엇인가 하는 점을 생각하는 것입니다. 처음부터 자신의 막연한 생각으로 판결을 내리지 않는 순수함이 중요합니다.

저도 맥킨지에 입사한 지 2년이 되는 해에 '순수함'의 중요성에 대해서 절감한 적이 있습니다.

기업가치 분석 업무에서 재무를 다루어야 했는데 정말로 하기 싫었습니다.

'나에게 이런 일은 무리이다! 이런 일에서 내 가치를 발휘할 수 없다.'라고 자신이 판결을 내리고 매니저에게 그 일에서 빼줄 것을 부탁했습니다.

그때 한 선배가 말했습니다.

"이런저런 생각을 하지 말고 뭐든지 좋으니 눈앞의 일에 집중해! 언젠가 너에게 반드시 도움이 될 테니까."

분명 그 선배도 똑같은 경험을 한 적이 있어서 이렇게 말했을 터입니다. 지금 생각하면 왜 그렇게 고민을 했을까? 정말로 그때 재무 일에서 도망을 치지 않아서 다행이었습니다.

경험이 짧을 때 경영분석이 서툴러도 그 일을 한 덕분에 지금은 컨설팅을 하면서도 경영에 관계되는 다양한 수치가 나와도 그 수치에서 재무상의 대략적인 과제를 파악할 수 있습니다.

즉 경영의 중요한 요소인 '자금의 흐름'에 대해서 이해했을 뿐 아니라 여러 가지 상황 과제와 연결해서 생각할 수 있어서 클라이언트의 매니지먼트들과 같은 눈높이로 사물을 볼 수 있고, 그런 점이 신뢰감으로 이어지기 때문입니다.

만약 클라이언트의 재무제표를 봤는데 아무런 문제점을 파악하지 못했는데도 여러 가지 제안을 한다면 허황된 이야기에 지나지 않아서 클라이언트의 신뢰를 얻을 수 없을 것입니다.

만일 여러분이 '이 일은 나에게 너무 어렵다.'라고 하는 일에 맞닥뜨려도 업무상 일이라면 '이것은 기회다! 이 기회에서 나는 무엇을 배울 수 있을까?' 하고 스스로에게 물어보아야 합니다.

후일 반드시 커다란 의미가 있는 일로 이어질 것입니다.

저녁보다 한 달에 점심 한 번

배가 등대의 불빛으로 항로를 확인하듯이 우리들에게도 일의 진행 방법이나 자신이 서 있는 위치를 확인할 수 있는 존재가 필요합니다.

"지금과 같은 방식으로 일을 해도 괜찮을까?", "내가 목표로 하고 있는 것에 비해 지금의 나는 어떠한가?"

이런 의논을 할 수 있는 코치나 멘토와 같은 존재가 회사에 있다는 것은 자신의 존재를 확인하는 데 있어 중요합니다.

맥킨지에서는 그런 코치나 멘토와 같은 존재의 사람과 정기적으로 만나서 여러 가지 이야기를 하거나 조언을 들었습니다.

추천하는 방법은 점심식사시간이며 더치페이로 약 한 시간 정도 함께 시간을 보냅니다. 그런데 만약 저녁의 경우라면 일정 조

정도 해야 하고 다소 분위기가 무거운 느낌이 들 것입니다.

'이 일에 대해 선배의 의견을 듣고 싶다.'라고 하는 구체적인 상담거리가 있을 때는 물론이고 '만나서 좋은 이야기를 듣고 활력을 얻자.'라는 느낌으로 만나서 이야기를 하는 사이에 여러 가지 일들이 말끔하게 풀리기도 합니다.

주의할 점은 불평불만을 하지 않는 것입니다. 선배가 착하고 편하다고 해서 자신도 모르게 불평을 늘어놓기 쉬운데 불평불만은 동기에게나 하는 것이 좋습니다.

제 경우는 자료를 만들고 있을 때 "이런 가설을 생각했는데 선배가 보면 어떻습니까?"라는 식으로 구체적인 상담을 자주 했습니다.

상담의 주제가 구체적이라면 상대도 응하기 쉽고 서로 여러 가지 사고를 할 수 있어서 시간을 낭비할 일이 없습니다.

어느 날, 점심 자리에서 일의 진행 방식을 의논하고 있을 때 깜짝 놀란 적이 있습니다.

"파트너가 이 자료를 정리해달라고 해서 단순히 정리만 하면 안 돼. 파트너가 왜 그 자료를 필요로 하는지, 파트너가 그 자료를 필요로 하고 있는 배경과 목적은 무엇인지, 그 시점에서 생각해."라고 가르쳐주었던 것입니다.

예를 들어 전기업계의 A사에 대한 영업자료라고 한다면 A사가 처해 있는 사업 환경에 대한 분석도 필요하고 경쟁회사는 어떤 전략으로 사업을 신장시키고 있는가 하는 리서치도 하는 편이 좋습니다. 영업 거래처와의 면담 자리에 어떤 정보를 가지고 임하면 클라이언트와 이야기를 하기 쉬운가를 상정해서 자료를 만드는 것이 중요합니다. 그러면 상대에게 보다 임팩트가 있고 가치가 있는 자료가 될 것입니다.

이것도 자료를 만든다고 하는 일에 대한 '질문'을 가지고 있는가 아닌가의 차이입니다.

'왜, 이 자료를 만들어야 하는가?'라고 하는 사고방식을 가지고 일을 진행해야 합니다.

제6강의

맥킨지 식 프로젝트에서 성과를 내는 능력

The Mckinsey Way
Textbook for Beginners on
How to Solve Problems

LESSON 6

기간 한정으로 성과를 낸다

회사조직 중에서 일을 함께 하는 그룹이라고 하면 어느 정도의 기간, 같은 구성원으로 일을 하는 부서나 팀을 떠올릴 것입니다.

맥킨지에서 그룹이란 고정되어 있지 않고 프로젝트별로 멤버들이 참가하여 구성합니다. '기간 한정'의 팀이라는 점이 큰 특징입니다.

멤버의 속마음을 알 수 없으니 함께 일하는데 어렵지 않을까? 이렇게 생각할지 모르지만 실은 환경에 좌우되지 않고 개인의 능력을 온전히 발휘할 수 있다는 점에서 지금의 시대에 필요한 업무능력을 단련할 수 있는 부분도 큽니다.

먼저 단련할 수 있는 것은 '고독에 대한 내성'입니다.

농담처럼 들리겠지만 사실입니다. 하나부터 열까지 항상 지시를 하는 상사가 없어도 요구되는 성과를 거둡니다.

그 프로세스로 여러 가지 곤란한 일이나 과제에 직면해도 스스로 해결방법을 발견하고 문제해결의 가설을 세우고 검증하고 올바른 해답을 이끌어냅니다. 이른바 '한 명의 맥킨지'로서 일을 해낼 수 있게 되는 것입니다.

정신적으로도 강해지고 어떤 일이나 주체의식을 가지고 일을 할 수 있게 되면 어떤 환경, 어떤 클라이언트, 어떤 사람과도 함께 일을 할 수 있습니다.

대인관계가 업무의 축이 되는 것이 아니라 '어떤 성과를 올리는가.'를 축으로 생각하고 일을 할 수 있게 된다는 점도 큰 장점이라 할 수 있습니다.

현재의 조직과 멤버가 바뀌면 성과를 낼 수 있을지 자신감을 갖지 못하는 사람이라면 오늘날과 같이 빠르게 변하는 시대에 불안감만 커져갈 것입니다.

그렇다고 해서 현재의 업무환경 속에서 무리해서 고립되는 것이 좋다는 말은 아닙니다.

왜 맥킨지가 조직보다 개인의 역할을 명확하게 하고 개인의 퍼포먼스를 최대화시키는 것을 중시하는가 하면 모든 클라이언트에게 '어디에서도 볼 수 없는 임팩트가 있는 가치'를 제공하기 위해서입니다.

맥킨지의 업무 방식은 모든 것이 여기에 귀결됩니다. '어디에서도 볼 수 없는 임팩트가 있는 가치'를 도출하기 위한 목표를 생각하고 그 목표에 도달하기 위해 어떤 준비와 수단을 취하면 좋은가를 생각합니다.

이러한 사고를 갖는 것은 여러분의 업무 환경과 조직에서도 가능한 일이며 그렇게 하는 것이 좋습니다.

좋아하지 않아도 공감과 공유를 할 수 있다

거북한 상대에게 무언가 전달하려고 할 때 어떻게 말하면 좋을지 고민이 됩니다. 또는 상대나 상대의 말이 개인적으로 마음에 들지 않아서 여러 가지 문제를 해결할 수 없을 때가 있습니다. 문제해결의 장면에서 상호간의 이해관계나 인간관계가 방해가 되는 경우가 있지 않습니까?

맥킨지도 로봇이 아닌 인간의 집단이기 때문에 감정상의 문제가 발생하지 않는다고 하면 거짓말입니다.

"이 클라이언트의 담당자와는 어딘지 맞지 않는다.", "팀 메이트가 거북하다."라고 하는 경우도 있습니다.

하지만 그런 감정의 문제가 있어도 업무의 질에는 영향을 주지 않게 할 수 있습니다.

심리학자들이 흔히 하는 말 중에 어떤 사람에 대해 다양한 정보를 알수록 한두 개는 자신과 똑같은 공감할 수 있는 점이 있기 마련입니다.

먼저 어떤 유형의 사람인가를 알아야 합니다. 그리고 상대의 장점과 강점을 의식하는 것도 중요합니다. 그를 위해서는 상대의 장점과 강점을 10개 이상 발견하도록 노력하는 것도 효과적입니다. 혹은 '순수하게 존경할 수 있는 부분을 발견한다.'라고 표현할 수도 있습니다.

그러면 신기하게도 상대의 '인간적인 정서'에 조금이라도 공감할 수 있는 부분을 발견하면 상대가 좋아지지는 않더라도 상대의 문제를 '공유' 정도는 할 수 있게 됩니다.

알기 쉽게 말하자면 '저 사람도 힘들겠구나. 좀 도와줄까?'라는 생각이 드는 것입니다.

그렇게 해서 서로 돕는 사이에 어느 순간 '왜 그렇게 싫어했을까?' 하는 마음이 생기고 의외로 편하게 일을 진행하는 경우도 많습니다.

만일 지금 여러분이 '함께 일을 하지 않으면 안 되지만 감정적인 문제로 인해 잘 진척되지 않는다.'라고 고민하고 있다면 상대에 대한 감정은 그대로 두어도 괜찮으니 다양한 각도에서 상대에 대한 정보를 다시 살펴보는 것은 어떻겠습니까?

묻기 전에 발신한다

"그 건은 어떻게 됐나? 그 후로 보고가 없어서 걱정하고 있었네."
상사에게서 이런 질문을 받는 경우가 있습니다.

그럴 때 "아, 죄송합니다. 그 건은 안 돼서 다른 방향으로 준비하려던 참입니다."

이런 경우가 많지 않습니까?

이런 일은 흔한 일이라고 치부할 수도 있지만 이런 아무렇지 않은 대화 속에서도 프로젝트의 '가치'가 크게 좌우되고 있다는 사실을 깨달아야 합니다.

어쩌면 상사는 '그 건'을 진행하기 위한 준비를 뒤에서 하고 있었을지도 모릅니다. 프로젝트가 구체적으로 움직이기 시작할 때 도움을 받을 수 있는 사람에게 협조를 타진하고 있었을지도 모릅니다.

그런데 성사되지 않았다고 하는 보고를 하지 않아서 프로젝트에서 받을 수 있었던 지원을 받지 못하게 된 것입니다.

반대의 상황도 있습니다. 애를 써서 가치를 창출할 수 있는 일을 하고 있는데 '보고, 연락, 의논'이 없어서 "왜 아무런 보고가 없었는가?" 하고 부정적인 평가를 받으면 너무 안타까운 일입니다.

조직에서의 활동보다 개인 차원의 활동이 많은 맥킨지에서도 사전에 "이렇게 하려고 하는데 어떻습니까?"라고 매니저에게 '보고, 연락, 의논'을 하는 것이 업무의 축이자 당연한 일이었습니다.

왜 상사가 '보고, 연락, 의논'을 중시하는가 하면 최종적으로 클라이언트의 가치를 최대화하기 위해 앞으로 하는 일의 축이 어긋나지는 않았는가, 클라이언트가 걱정할 요소는 없는가를 사전에 확인하지 않으면 안 되기 때문입니다.

멤버들이 어떻게 일을 하고 있는지 세세하게 감시하는 것이 아닙니다. 그렇기 때문에 상사가 "어떻게 진행되고 있나?"라고 묻기 전에 자신이 먼저 발신하는 것도 서로의 일을 하는데 있어서 중요합니다.

최근에는 "상사와 얼굴을 마주하고 대화를 하는 것이 거북하다."라고 말하는 사람도 적지 않습니다.

상사가 무슨 생각을 하고 있는지 알 수 없다, 항상 상사와 시간이 맞지 않아서 잘 전달을 하지 못했다고 하는 것 등이 거북한 이유입니다.

그런 사람에게 이런 어드바이스를 하고 싶습니다.

먼저 상대의 페이스를 잘 관찰해야 합니다. 상사 중에도 페이스가 '느긋한' 사람과 '서두르는' 사람이 있습니다.

페이스가 느긋한 상사에게 너무 단편적인 정보만 전달하면 "좀 더 정확하게 정리한 다음에 보고하라."라는 말을 들을 가능성이 많습니다.

반대로 서두르는 상사는 "완전하지 않아도 괜찮으니 빨리 중간 경과를 보고하라."라는 말을 할 것입니다.

상대가 어떤 유형인가를 파악하고 상대의 페이스에 맞춰서 '보고, 연락, 의논'을 한다면 평가를 완전히 달라질 것입니다.

입사 1년차나 2년차라면 더욱 '상사를 매니지먼트'하는 관점을 가져야 합니다.

자신의 상사가 어떤 유형이고 항상 무엇에 신경을 쓰는 사람이며 어떤 아웃풋을 하면 평가를 하는 사람인지 상사에게 불평불만을 늘어놓기보다는 '상사를 잘 매니지먼트하기 위해서는 어떻게 하면 좋은가?' 하는 질문을 하는 편이 훨씬 좋습니다.

왜냐 하면 그런 질문은 클라이언트에 대해서도 '상대를 기쁘게 하기 위해서 무엇을 해야 할까?'라는 발상으로 이어지기 때문입니다.

맥킨지 시절의 동기 중 한 명은 세계 곳곳을 누비는 오마에 겐이치 씨에게 인정을 받기 위해 이런 궁리를 했습니다.

미팅을 할 기회를 태평하게 기다리기만 해서는 언제가 될지 기약할 수 없었던 참에 오마에 씨가 도쿄 사무실에 있다는 사실을 알게 됐습니다. 그래서 오마에 씨의 비서와 적극적으로 커뮤니케이션을 취해서 오마에 씨에게 'O와 ×' 판단만이라도 받기 위한 메모를 비서에게 건네는 방법을 썼습니다.

이것도 오마에 씨의 성격을 파악하고 길고 장황한 메모가 아니라 한눈에 판단할 수 있는 형식이 포인트입니다.

보통의 경우라면 '오마에 씨는 대단히 바쁘다.'라고 생각한 시점에서 그 다음 사고와 행동을 취하지 않고 끝나기 쉽습니다.

하지만 여기서 '질문의 핵심'까지 파고들어가서 '문제는 바쁜 상태에서도 판단할 수 있도록 궁리를 하는 것'이지 오마에 씨가 판단 그 자체를 하지 않는 것은 아니라는 사실을 깨달을 수 있어야 합니다.

그 동료는 그런 사고를 했기 때문에 그런 행동의 반복으로 비서와 오마에 씨에게도 신뢰를 얻었고 비록 5분이라고 해도 자신의 이야기를 듣게 할 수 있었던 것입니다.

저도 조금 패턴은 다르지만 파트너에게 꼭 설명하고 싶은 사항이 있을 때는 비서에게 파트너의 일정을 듣고 클라이언트를 태우러 가는 차에 동승해서 "클라이언트에게 설명을 하고 싶은 것이 있는데 괜찮겠습니까?"라고 하는 방법을 자주 사용했습니다.

무슨 일을 하더라도 목적이 명확하고, 질문의 핵심을 파악하는 것이 중요합니다. 그러면 방법은 얼마든지 있기 마련입니다.

자신의 존재감을 발휘하는 방법

 팀으로 일을 할 때, 자신의 존재감을 높이고 멤버들에게 발휘하고 싶은 능력이 있을 것입니다.

 그래서 자신이 팀을 이끌거나 인정받는 존재가 되어야 한다고 생각하기 쉽습니다.

 하지만 자신이 모든 것을 주도해가는 것만이 존재감을 발휘하는 방법은 아닙니다.

 팀에 있는 것만으로 안심감을 주고, 그 사람이 있으면 만사가 원활하게 진행되는 것 같은 '존재감'도 있습니다.

 앞에 나서는 유형은 아니지만 모두가 필요로 하는 사람에게는 순수하고 자신의 생각 등을 강요하지 않으며 필요한 일을 확실하게 처리한다는 공통점이 있습니다.

예를 들어 어떤 상품의 판매와 물류전략의 프로젝트에 참가했을 때, 물류 전문가인 선배가 있었습니다. 그 선배는 아주 조용한 사람이었습니다.

그 조용한 '존재감'이 팀에게 안심감을 주고 열린 회의의 장을 만드는 데 큰 역할을 하고 있었습니다.

아울러 물류에 관해서는 뭐든지 알고 있고 분석도 훌륭해서 팀에 큰 도움이 되었습니다.

그 선배는 절대로 자신이 모든 것을 주도해가는 유형은 아니었지만 그의 '존재감'과 매니저의 신뢰는 아주 컸습니다.

맥킨지 입사 1년차의 신입 시절에는 오픈 마인드를 유지하는 것이 중요하다고 배웠습니다. 다양한 사람, 다양한 일을 거부하지 않고 있는 그대로 순수하게 마주하고 주어진 일에 집중하면 자신을 어필하기 위해 필사적으로 노력하지 않아도 모두가 인정을 해줍니다.

젊었을 때에는 자신의 존재를 주장하지 않아도 모두에게 인정받고 다양한 것을 흡수할 수 있기 때문에 자신의 존재를 높이는 이런 방법도 있다는 것을 알아두는 편이 좋습니다.

리더의 위치에 올라도 그런 방식을 응용해서 리더십을 발휘할 수 있습니다.

일일이 지시를 하고 이끌어가는 것이 아니라 열린 마음으로 맴

버의 이야기를 듣는 것에 힘을 기울임으로써 멤버의 신뢰를 얻고 결국 '이 사람과 함께 일을 하고 싶다.'라는 생각이 들도록 할 수 있는 것입니다.

리더의 '자질론'에 얽매이지 않는다

특히 경영이나 매니지먼트에 종사하고 있는 리더들의 코치를 하다 보니 자기 자신의 '리더십의 본질'에 고민하고 혼란스러워하는 사람이 꽤 많다는 사실을 알게 되었습니다.

'리더는 어떠해야 하는가?'라고 하는 '자질론'에 얽매여서 '나는 그런 레벨이 될 수 없다.'라고 고민을 합니다. 하지만 그것은 '본래의 자신이 아닌 리더'가 되려고 하기 때문이 아닐까요?

상사가 좀 더 확실하게 멤버들을 다잡으라고 요구를 하면 '내가 멤버들을 휘어잡아야 한다.'라는 의식에 강하게 사로잡혀 때로는 그것이 압박으로 작용하기도 합니다. 하지만 그런 때일수록 자신이 무리해서 다잡으려고 하지 말고 멤버들이 자연스럽게 하나가 될 수 있는 이벤트 등을 기획하는 것이 효과적일 때가 있습니다.

 맥킨지의 매니저들은 자신이 이끌어가기보다 개인의 퍼포먼스를 최대화시키기 위해 그들의 능력을 잘 이끌어내는 프로듀서와 같은 역할이 강했던 것 같습니다.
 프로젝트의 프로세스 매니지먼트를 하고, 중간보고까지 과제와 테마를 상대가 인식하기 쉬운 정보량으로 적절하게 나누고, 멤버들이 할 역할을 분담하고 아웃풋을 만들어서 파트너와 함께 제안할 사항들을 정리해서 완성합니다. 이런 프로세스 과정에서 개인의 존재감 역시 높아져갑니다.
 맥킨지의 프로젝트에는 많은 인원들이 참가하지 않기 때문에 멤버 한 사람 한 사람이 최고의 퍼포먼스를 발휘하지 않으면 클라이언트에게 좋은 가치를 제공할 수 없습니다.
 맥킨지 졸업생이 불과 3~5년 정도의 경험으로 다양한 분야에서 경영과 매니지먼트에 관련된 일을 할 수 있는 이유도 지금 설명한 것과 같이 '개인의 퍼포먼스'를 중시한 조직의 체제에서 기인한 부분이 클지도 모릅니다.

 일반적으로 경영에서 리더십을 발휘하는 것은 '어려운 일'이라고 생각되지만(물론 실제로도 간단한 일은 아닙니다.) 그것도 맥킨지 식의 사고 「So What?(그래서 어떻게?)」, 「Why So?(왜 그러한가?)」에 적용시켜 보면 '경영이 어렵다.'라는 말은 근거가 부족합니다.

'경영에서 리더십이란 무엇인가?'라고 하는 '질문의 핵심'을 잘 생각해보면 어떻게 판단을 해나가는가 하는 '판단력', 관계자를 어떻게 포용해가는가 하는 '포용력', 어떻게 실행에 옮길 것인가 하는 '실행력'이라는 요소가 경영에 포함되어 있는 것을 발견할 수 있습니다.

단순히 경영이라는 단어에 얽매여서 생각하면 어렵게 느껴지지만 이처럼 구체적인 요소로 분해하면 업무의 퍼포먼스를 향상시키기 위해, 자신의 존재를 높이기 위해서 하던 일과 똑같다고 할 수 있습니다.

여기에 개인의 능력을 향상시키는 요소도 의식한다면 경영과 매니지먼트에서 리더십을 발휘하는 방법이 특별하게 따로 있지 않고 현재의 업무의 연장선상에 있다는 사실을 알 수 있을 것입니다.

혼자서 일을 끝내지 않는다

아무리 뛰어난 기술을 가지고 있거나 많은 경험을 쌓았다고 해도 어렵거나 고민되는 일이 있습니다.

만약 "나는 그런 일이 없다!"라고 큰소리치는 사람이 있다면 오히려 그 사람이 걱정스럽습니다. 본인만 깨닫지 못하고 있을 뿐이지 이미 주위에서 문제가 발생하고 있을지 모르기 때문입니다.

앞에서 '개인의 퍼포먼스를 향상시킴으로써 가치를 창출한다.'라고 말했는데 일을 할 때 방향을 잃거나 고민에 직면했을 때, 맥킨지에서는 주위와 의논하는 것이 당연한 일입니다. 그렇게 주위의 지혜와 견해를 얻는 편이 결과적으로 일을 좋은 방향으로 이끌어갈 수 있습니다.

클라이언트 때문에 고민을 할 때는 직접 클라이언트에게 "이 부분에 몇 가지 의문과 걱정되는 점이 있습니다."라고 물어보는 것도 중요합니다. 그렇게 하지 않고 제멋대로 판단해서 일을 하다 결국 궤도수정을 해야 할 상태가 되면 시간이 더 소요될 뿐 아니라 클라이언트에게도 불이익을 초래하게 됩니다.

요즘 제 주위의 사람과 이야기를 하다 보면 '모르는 것을 질문하고 배우는 것이 부끄럽다.'라고 느끼는 사람이 많아진 듯합니다. 물론 정확한 데이터에 근거한 이야기는 아니지만, 그것은 잘못된 것입니다.

문제해결을 하는 데 있어 '모르는 것을 다른 사람에게 묻는 일'이 부끄러운 것이 아니라 모르는 것을 그대로 묻어두는 것이 부끄러운 일입니다.

'모르는 것을 자신도 인식'하고 있는데 그것을 방치하다가 상사와 클라이언트에게 질문을 받았을 때 모른다고 이야기하는 것이 정말 부끄러운 일이며 자신과 상대에게도 도움이 되지 않습니다.

세상은 더욱 복잡해지고 빠른 속도로 앞으로 나아가고 있는데 모르는 일이 있는 것은 당연한 일입니다.

모르기 때문에 관심을 가지고 '알고 싶다.', '가르쳐주세요.'라고 하는 자세를 갖는 편이 훨씬 일을 잘할 수 있습니다.

또 때로는 자신의 의견과 생각을 접어두고 주위의 의견을 받아들이는 것도 새로운 발상을 할 수 있는 계기가 됩니다.

그런 의미에서 '현재 나에게 일어나고 있는 일을 신뢰'하는 것도 중요합니다.

일견, 자신에게는 부조리한 일이라도 자신의 의견과 생각을 접어두고 이 상황은 어떤 기회를 가져다줄까? 혹은 이 상황에서 무엇을 배울 수 있을까? 하고 생각해보거나 주위에 물어봐야 합니다. 거기에서 새로운 발견과 전개가 펼쳐질지 모릅니다. 그런 식으로 '어떤 때라도 항상 긍정적인 자세'를 가지고 순수하게 주위에게 물어보면 결과적으로 보다 좋은 가치를 창출할 수 있을 것입니다.

일을 디자인하라

맥킨지에서 수행하는 모든 프로젝트는 팀으로 이루어집니다. 즉 프로젝트를 팀 멤버와 함께 얼마나 잘 매니지먼트하는가, 그 속에서 자신이 담당하는 파트를 잘 완수하는가가 성공의 열쇠가 됩니다. 막상 프로젝트에 참여하면 시작할 때

자신의 역할은 무엇인가?

해야 할 테마는 무엇인가?

그것을 언제까지 할 수 있는가?

이런 점을 매니저인 상사와 반드시 명확하게 합의를 합니다.

합의 전에 간트 차트라고 하는 프로젝트 관리표 한 장에 언제까지 무엇을 할 것인가를 정리해서 매니저와 회의를 합니다. 이 간트 차트는 큰 도움이 되니 인터넷에서 찾아보고 반드시 참고

로 해야 합니다.

프로젝트를 수행할 때 아무것도 모르는 상태에서 관계자를 끌어들일 수는 없습니다. 자신이 프로젝트에 필요한 요소를 파악하고 있는가 아닌가 체크를 하기 위해서 '사고의 4P'라고 하는 프레임 워크를 사용할 수 있습니다. 다음의 4가지 포인트를 의식하고 간트 차트를 정리하면 자신이 해야 할 일을 분명하게 계획할 수 있습니다.

Purpose(무엇을 위해)

Position(누구에게 문제인가)

Perspective(어떤 시야를 가질 것인가)

Period(언제까지 완성할 것인가)

예를 들어 어떤 상품의 판매에 대해 생각해보고자 한다면 그 가설을 '어떤 고객에게 팔아야 할 것인가.'라고 세우고 그것을 위해 해야 할 작업을 목록으로 만들고, 각각의 작업을 언제까지 할 것인지를 정하고 최종 아웃풋 기간을 정하는 것입니다. 그리고 간트 차트에 각각의 작업 항목과 실행일수를 기입한 다음 전체를 점검합니다.

이 4개의 시점에서 검증하면 사전에 '누락과 중복 없이' 프로젝트에서의 중요한 포인트를 파악할 수 있습니다.

'애초에 방식'을 활용한다

예를 들어 프로젝트의 멤버가 성과를 잘 내지 못하고 있을 때, 왜 성과를 내지 못하는지 물어도 상대는 아무런 대답도 할 수 없을 것입니다. 이유를 알고 있다면 그렇게 되지 않았을 테니 말입니다.

그런 때는 "애초에, 마음에 걸리는 게 있나?", "애초에, 어떻게 하려고 생각했나?"와 같은 말로 상대의 이야기를 이끌어내는 방법이 효과적입니다.

어떤 클라이언트와 어떤 조직 체제가 좋은가라는 의논을 하고 있을 때, 좀처럼 좋은 아이디어가 나오지 않는 경우가 있었습니다.

그래서 "애초에, 우리는 무엇을 하고 싶었는가? 다시 한 번 사업의 프로세스(흐름)를 살펴보는 게 좋겠습니다.", "그 프로세스가 가장 효과적으로 기능하는 조직이란?"과 같은 질문을 던져보았습니다. 그러자 "팀에 의한 조직으로 운영하는 것이 좋다."라는 아이디어가 나와서 의논이 진척된 적도 있었습니다.

'애초에(본래)'라고 하는 사고를 함으로써 사고는 철저해집니다. 거기에서부터 간과하고 있던 점을 발견하거나 새로운 발상이 떠오르기도 합니다. 사고의 확산의 폭이 클수록 제로발상으로 이어지기 쉬워집니다.

'애초에'라고 하는 시점에서 나온 말이 생각지도 못한 것이어도 상관없습니다.

처음부터 '맞다, 틀리다.'라고 하는 판결을 내리지 않고 일단 앞으로 전진하는 데 초점을 맞추는 것입니다.

계획한 일이 잘 풀리지 않을 때 고민하는 사람이 있는데 그럴 때에도 '애초에, 그 계획은 정말로 하고 싶었던 일인가?'라는 질문을 던져보도록 해야 합니다.

계획이 잘 진전되지 않는다는 것은 마음속 어딘가에 '누군가 시켜서 한다.', '사실은 그다지 할 마음이 없었다.'라고 하는 생각이 숨겨져 있기 때문입니다.

인간은 자신에게 '정말로 필요'하고 '정말로 가치가 있다.'고 생각하는 일은 복잡하게 생각하지 않아도 잘할 수 있는 동물입니다.

실패가 계속될 때에는 '어쩌면 정말로 하고 싶은 일이 아니지 않을까?'라는 질문을 해보아야 합니다.

이 사고가 습관이 돼서 시냅스에 각인되면 '애초에, 정말로 하고 싶고, 할 수 있는 일'에 힘을 쏟을 수 있기 때문에 고민을 하면서 일을 하는 경우는 적어질 것입니다.

다른 시점에서 보면 '애초에, 어떠했는가?' 하고 사고의 폭을 확산시키는 것은 자신의 작은 에고^{ego}를 버리는 일이기도 합니다. 자신의 작은 에고를 버렸을 때, 생각하지도 못했던 아이디어가 떠오르거나 좋은 아이디어에 집중할 수 있는 흐름이 생겼던 경우를 맥킨지에서 많이 경험했습니다.

그를 위해서는 기다리면 안 됩니다. 자신의 손으로 세계를 움직인다고 하는 감각으로, 자신이 먼저 적극적으로 질문을 하고 움직여야 합니다.

미팅을 디자인하라

여러분은 미팅에 참가할 때 '오늘의 미팅 테마는 무엇이고, 어떤 사항을 명확하게 하고 싶고, 그를 위해 어떤 준비를 해야 하는가.' 하는 점을 머릿속에 그리고 있습니까?

평소의 미팅은 날짜와 시간만 정해져 있어서 당시 상황에 따라 여러 가지 일들을 의논하는 경우가 대부분입니다.

하지만 가치를 창출한다는 관점에서는 매 미팅마다 사전에 '미팅을 디자인'하는 편이 좋습니다.

맥킨지에서는 미팅에 대한 사고방식도 철저하게 가르치고 있습니다. "한 번의 미팅이 하나의 목표라고 생각하라."라는 것입니다.

본래 어떠한 미팅도 어떤 프로젝트의 목표를 위해 열리기 마련입니다. 그렇다면 그 과정에 있는 미팅은 바로 그 시점에서의 목표가 있고 어떤 성과를 얻지 못한다면 프로젝트의 최종 성과로 이어갈 수 없습니다.

미팅이라고 해서 성과나 아웃풋을 의식하지 않아도 되는 것이 아니라 미팅을 하는 그 시점에서 성과와 아웃풋을 컨트롤할 수 있어야만 프로젝트의 목표에 다다를 수 있고 가치도 창출할 수 있다고 생각해야 합니다.

왜 그렇게까지 엄격하게 생각해야 하는가? 불과 한 번의 미팅이지만 거기에는 정말로 높은 비용이 투자됩니다. 참가자의 '시간 급여 × 소요 시간 × 인원수 × 장소 비용'을 계산하면 상당한 비용이 소요됩니다.

그 비용에 상응하는 미팅의 성과를 얻지 못하면 불합리하다는 생각인 것입니다.

너무 엄격할지 모르지만 저는 여러분이 조금 미팅에 대한 인식을 바꾸면 그것만으로도 성과들이 크게 달라진다고 생각합니다.

맥킨지의 미팅이란 제로발상으로, 공헌한다고 하는 자세로 참석한다는 분위기가 형성되어 있었습니다.

항상 본질적인 문제는? 본질적인 테마는 무엇인가? 하는 질문을 가지고 회의에 임합니다. 따라서 장황하게 단순한 사실만을 늘어놓으면 안 됩니다. 그런 행동을 하면 「So What?(그래서 뭐?)」이라는 말을 듣거나 또는 아무도 반응을 보이지 않습니다.

제가 입사 2년차일 때 참가한 프로젝트에서의 일입니다.

클라이언트의 상품이 어떤 부문에서 히트를 칠 수 있을까 하는 미팅을 할 때, 장황하게 상품의 특징을 이야기했더니 모두가 침묵하고 아무도 반응을 보이지 않았던 경험이 있습니다.

그리고 매니저에게 "그래서 어떻게 하겠다는 건가? 그 상품이 지닌 특징의 의미가 무엇인지 잘 생각해보게."라는 말을 듣고 당황했던 기억이 있습니다.

여러분도 반드시 이러한 의식을 가지고 미팅에 참가하고 임하도록 유념해야 합니다.

미팅에도 여러 종류가 있습니다. 연락사항을 전달하는 미팅, 아이디어를 내고 그에 대해 토론하는 미팅, 팀 멤버 간의 단합을 위한 미팅, 모두를 고무하기 위한 미팅 등 자신이 어떤 미팅을 하고 싶은지, 처음에 디자인을 하는 것이 중요합니다.

그리고 미팅에서 무엇을 달성하고 싶은지 미팅의 목표를 정합니다. 예를 들어 연락사항을 철저하게 한다든다 아이디어에 대해 의논한다는 식으로 미팅의 목표 이미지를 명확하게 하고 참가하는 멤버와 미팅의 첫머리에 공유하는 것입니다.

성과를 얻을 수 있도록 디자인된 미팅을 하기 위해서는 어떻게 하면 좋은가 하면 여기에서도 프레임 워크를 활용할 수 있습니다.

가령 의견이 대립할 것 같은 미팅에서도 의논을 '장소'로 생각해보는 것입니다. 그 '장소'는 무엇으로 구성되어 있는지를 생각해보면 그것은 '콘텐츠'와 '프로세스'로 구분해서 생각할 수 있습니다.

3C라고 불리는 분석 프레임 워크인 Customer(고객), Competitor(경쟁), Company(회사)의 응용 버전입니다. 이 경우에 미팅에서 가치를 창출하기 위한 Customer를 '의논의 장소', Competitor는 의논에 참가하는 사람, Company는 자신으로 생각합니다.

평소라면 자신의 의견의 우수성을 어떻게 고객에게 어필할 것인가를 생각하겠지만 여기에서는 Customer인 '의논하는 장소'를 바꿔보면 어떨까 하고 생각해보는 것입니다.

고객이 바뀌면 나오는 발상이 바뀌는 것과 마찬가지로 미팅이라고 해도 대상이 되는 '장소'가 바뀌면 새로운 시점에서 대립을 뛰어넘은 가치를 발견할 수 있을지 모릅니다.

미팅에 참가하는 사람이 자신의 의견의 내용에 몰두해서 시야가 좁아졌을 때, "잠깐 자리를 바꿔서 어디 카페에서 계속하는 게 어떻겠습니까?"라고 제안을 하는 것도 미팅을 디자인하는 방법 중 하나입니다.

나가 아닌 우리를 사용한다

"나는 그 회사에 연줄이 있어서 일을 진행하기 쉽다."

"우리는 그 회사에 연줄이 있어서 일을 진행하기 쉽다."

같은 말을 하고 있는 데에도 어떤 표현이 듣는 사람에게 '나와도 관계가 있다.'라는 생각을 들게 할까요? 간단한 것이지만 우리들은 의외로 이것에 대해 별로 의식하지 않은 채 많은 메시지를 전달하고 있습니다.

미팅은 참가자 개인의 의견을 완결시키는 자리가 아니라 개인의 의견에 모두를 끌어들이기 위한 자리입니다.

그렇다면 '내가 생각하는 중요한 테마'라고 말하기보다 '우리들의 중요한 테마'라고 말하는 편이 일체감을 느끼게 합니다.

미팅에서 의견과 질문을 이야기할 때 중요한 점은 자신의 주장을 관철하는 것이 아니라 자신의 의견과 질문을 계기로 해서 어떻게 더 높은 가치로 연결시키는 생각과 의견을 모두에게서 이끌어내는가 하는 점입니다. 그리고 '이 공통의 과제에 모두 함께 임해서 성과를 얻고 싶다!'라고 하는 생각을 참가자 전원이 갖도록 하는 것입니다.

맥킨지에서는 그런 세세한 표현을 통해 얻을 수 있는 가치가 크게 달라진다고 가르칩니다.

2012년 11월에 열린 미국 대통령 선거에서 재선에 성공한 버락 오바마 대통령이 지지자들에게 한 재선 승리 연설도 선거 전후의 미국 국민을 다시 단결하기 위한 관점에서 흥미가 깊었습니다.

오바마 대통령은 지지자와 국민에게 한 '우리들이 지향하는 미래'라는 취지의 연설 중에 '우리들'이라는 말을 27번이나 했습니다.

We are American family(우리들은 미국 가족)

We will continue our journey(우리들은 하나가 되어 앞으로 여행을 계속할 것이다.)

이에 비해 '나'라는 말은 불과 9번밖에 사용하지 않았습니다.

오바마 대통령이 얼마나 '모두와의 일체감'을 중요하게 여기고 이야기하려고 했는지 잘 알 수 있습니다.

  아주 사소한 부분일지 모르지만 이것은 국가나 개인의 업무 차원에서도 많은 사람들을 끌어들여 공감과 공유를 확장시킨다는 점에서는 똑같습니다.

  여러분도 반드시 '나'가 아니라 '우리'들을 의식해서 말을 하도록 유념해야 합니다.

프레임 워크를 질문에 활용한다

얼마나 좋은 질문을 하는가? 혹은 그 질문을 통해 '질문의 핵심'에 접근할 수 있는가? 맥킨지는 항상 이러한 의식을 갖는 것을 중요하게 여겼습니다.

다양한 문제해결을 위한 프레임 워크에 '옳은 질문'을 넣어야 비로소 옳은 해답이 나오기 때문입니다.

반대로 말하면 프레임 워크가 있어도 '옳은 질문'이 인풋되지 않으면 프레임 워크도 쓸모가 없어져버립니다.

어떤 질문을 하면 옳은 해답을 이끌어낼 수 있을까 하는 것도 어렵게 생각할 필요가 없습니다. 프레임 워크를 사용하면 좋은 질문을 할 수 있습니다.

예를 들어 이 책에서도 몇 번 등장한 3C라고 하는 분석 프레임 워크를 사용해도 질문을 만들 수 있습니다.
3C 중 하나인 '고객'에 대한 질문의 경우입니다.

＊ 귀사의 고객에 대한 강점은 무엇입니까?
＊ 고객은 귀사에 무엇을 원하고 있습니까?
＊ 당신이 고객이라면 귀사에 무엇을 기대합니까?

이런 질문 하나로 고객과의 미팅에서 분위기가 완전히 달라집니다. 회의장의 애매모호하던 분위기가 문제의 핵심을 찌르는 '좋은 질문'으로 시계가 밝아지는 것입니다.
이런 일도 있었습니다.
제가 코칭을 하던 한 여성은 '결혼을 하기 위해 계속 노력을 하고 있는데 좋은 사람을 전혀 만날 수 없다.'라는 고민을 가지고 있었습니다.
그 여성은 30대 커리어우먼으로 자기 자신에게 자신감을 가지고 있었고 객관적으로 보아도 매력적인 여성이었습니다. 그런데도 왜 잘되지 않았던 것일까요?
저는 직감적으로 '사실 그녀는 그다지 결혼을 하고 싶지 않은 것이다.'라고 느끼고 이런 질문을 해보았습니다.
"만일 아직 결혼을 하지 않는다는 선택을 한다면 어떤 일을 하고 싶습니까?"

그러자 그녀는 한순간 깜짝 놀란 표정을 짓더니 여러 가지 계획을 제게 말해주었습니다.

그때 그녀의 목소리는 결혼에 대해 이야기를 할 때와는 완전히 다르게 아주 활기에 찼는데 듣고 있는 저도 그녀의 이야기에 빠져들 정도였습니다.

그렇습니다. 사실 그녀는 주위사람들과 부모님에게서 "슬슬 결혼을 하는 편이 좋다."라고 하는 압력에 이끌려 결혼 활동에 참가하고 있었을 뿐 결혼에 대해 깊게 생각하고 있지 않았던 것입니다.

하지만 본래 '무슨 일이건 열심히 하는 유형'이었던 그녀는 결혼 활동을 하는 사이에 '좋은 사람을 만나서 좋은 성과를 올려야 한다.'라고 착각을 하고 있었던 것입니다.

사람은 '문제의 핵심'을 찌르는 질문을 받거나 자신이 진심으로 원하는 일에 대해서라면 목소리와 표정이 달라집니다.

만일 상대에게 질문을 해도 어딘지 탐탁지 않은 반응이 나온다면 '본질적인 문제에 이르지 못했다'고 생각하는 것이 좋습니다.

질문의 관점을 바꾸거나 더 깊이 파내려가거나, 상대의 본질에 더 접근할 수 있는 질문을 해야 합니다.

맥킨지에서는 좋은 질문을 하면서 인사이트(통찰)를 깊게 함으로써 모두를 자극하고 좋은 가치로 이어지는 의견이 나오며, 그 결과로 의논이 축척되어 임팩트가 있는 성과를 이끌어낼 수 있다고 배웠습니다.

여기에는 쓸데없는 걱정은 존재하지 않습니다.

맥킨지의 사람들은 무엇에 대해서 무엇을 해야 하는지, 각자가 클라이언트를 위해 높은 레벨의 가치를 창출한다는 점에만 생각을 집중합니다.

그런 모습은 일종의 순수함마저 느끼게 합니다.

비즈니스에 '순수'라는 말을 쓰면 이상하게 들릴지 모르겠습니다. 하지만 정말로 순수하게 눈앞의 일에 집중하는 순수함을 갖는 것은 절대로 의미가 없는 일이 아닙니다.

영화 '포레스트 검프'의 주인공처럼 어떤 일에도 도망치지 않고 마치 즐기고 있는 것처럼 순수하게 극복해가는 삶의 방식은 반드시 좋은 결과를 가져다줍니다.

맥킨지의 업무 기술에서 반드시 그러한 우직한 부분을 배워야 합니다.

제7강의

맥킨지 식 프레젠테이션의 기술

The Mckinsey Way
Textbook for Beginners on
How to Solve Problems

LESSON 7

프레젠테이션에 필요한 3요소

일반적인 프레젠테이션에서는 파워포인트와 같은 툴로 만든 자료를 보면서 물이 흐르듯 진행되는 장면을 연상할 것입니다.

처음부터 끝까지 프레젠테이션 자료 옆에 '답'이 있고 프레젠테이션을 듣는 쪽은 그 '답'이 틀렸는가 맞는가 하는 설명을 장황하게 듣게 됩니다.

분명 이런 프레젠테이션도 존재합니다.

하지만 본래 프레젠테이션은 처음부터 모든 것이 완벽하게 정해져 있는 듯하면서도 정해져 있지 않고, 아무것도 정해져 있지 않은 듯하면서 실은 정해져 있는 대단히 유기적인 것입니다. 어느 한쪽이 완성하는 것이 아니라 프레젠테이션을 하고 보는 양쪽이 함께 만드는 것입니다.

맥킨지의 프레젠테이션도 그런 요소가 포함되어 있습니다. 하나부터 열까지 설명하는 것이 프레젠테이션이 아니라고 생각하기 때문입니다.

프레젠테이션을 듣는 상대의 내부에서 '싹이 트는 것'을 촉진시키고 싹이 나오려고 하는 것을 느끼면서 프레젠테이션을 하는 것이 좋은 프레젠테이션입니다.

즉 '공감과 공유할 수 있는 프레젠테이션'이라고 할 수 있을 것입니다.

그럼 어떻게 하면 공감과 공유할 수 있는 프레젠테이션을 할 수 있을까요? 먼저 프레젠테이션에는 세 가지의 빼놓을 수 없는 요소가 있다는 사실을 알아야 합니다.

✽ 프레젠테이션 자료를 만든다.
✽ 보여주는 프레젠테이션 자료로 만든다.
✽ 실제로 프레젠테이션을 한다.

어떤 프레젠테이션도 이 세 가지의 요소가 갖춰져 있지 않으면 잘 진행되지 않습니다. 하지만 그전에 또 한 가지 중요한 것은 '정말로 상대에게 공감을 주고 공유하고 싶은가.'라는 점입니다.

자신이 말하고 싶은 내용만 전달하는 것은 프레젠테이션이라고 할 수 없습니다. 상대가 많건 적건 똑같습니다. 프레젠테이션의 3요소에 임하기 전에 '나는 상대와 무엇을 공감하고 공유하고 싶은가?'라고 자문해서 바로 대답을 할 수 있다면 이젠 설명하는 작업을 진행해도 괜찮습니다.

처음부터 파워포인트를
사용해서는 안 된다

　다른 사람에게 무언가를 전달하기 위해서 처음부터 파워포인트와 같은 툴을 사용하는 것은 권장하지 않습니다.

　그전에 자신의 내면에 일의 사실, 이유, 그리고 거기서부터 제안을 이끌어내기까지 스토리를 연결하는 작업이 세워져 있는가 하는 점이 중요합니다.

　내면에서 스토리를 이해한 다음 파워포인트와 같은 툴을 사용하는 편이 다른 사람에게 전달될 확률이 한층 높아집니다.

　프레젠테이션을 보는 상대도 '이 사람은 정말로 중요한 점을 파악하고 있다.'라고 실감하기 때문입니다.

　프레젠테이션 자료를 만들 때, 반드시 파악해야 할 것은 '스토리'입니다.

또 그 스토리가 무엇을 전달하려고 하는지를 한 마디로 말할 수 있도록 질문의 핵심이 명확해져 있지 않으면 안 됩니다.

상품 전략을 재고하는 경우라면 그것이 가격 전략인지, 마케팅인지 혹은 라인업인지, 무엇을 재고하는 것이 핵심인가 하는 점이 처음부터 명확해야 합니다.

그렇지 않으면 아직 질문의 핵심이 명확하지 않은 것입니다. 야채나 과일을 키우는 것과 똑같습니다. 마지막에 가장 크게 자란 열매만 남기고 그 열매에 영양분이 잘 전달되도록 작은 열매는 따내야 성과를 얻을 수 있기 때문입니다. 그렇게 가장 소중하게 키운 '열매'가 스토리의 핵심이 되는 것입니다.

하지만 갑자기 "이 열매가 가장 중요한 열매입니다."라고 이야기해도 상대의 입장에서는 왜 그런지 알 수 없습니다. 왜 이 열매가 가장 중요한지 상대의 마음을 움직이는 스토리가 중요한 이유입니다.

예를 들어 클라이언트에게 '생수를 파는' 신규 사업을 제안한다고 가정합시다.

이미 시중에는 많은 미네랄워터가 판매되고 있고 특별한 생수를 집까지 제공하는 사업도 있습니다. 그런 상태에서 왜 굳이 클라이언트가 생수를 팔아야 하는지, 생수를 팔기 위해서는 어떻게 하면 좋은지, 경쟁회사와 비교해서 고객이 그것을 선택해야 하는 이유는 무엇인지, 어떤 점이 좋은 생수인지, 가격의 우위성은 있는지, 그리고 그런 요소들을 충족시켜줄 요인은 무엇인지, 경쟁회사가 따라올 수 없는 '성공의 열쇠'는 무엇인지를 정확하게 파악해야 합니다.

"이렇게 하면 성공할 수 있습니다."라고 말할 수 있는 전략이 스토리에 포함되어 있지 않으면 제안할 가치가 없습니다.

제안은 했지만 클라이언트가 검토할 마음이 들지 않으면 처음부터 제안이 잘못되었다는 것을 의미합니다.

더 엄밀하게 말하면 본래 사업 자체를 전개할 필요가 있는가 하는 점까지 생각해서 스토리를 만드는 것이 중요합니다.

예를 들어 미네랄워터 시장은 일정한 규모로 추이하고 있어서 불륨존에서 압도적인 셰어를 차지하고 있는 상품이 없는 상황을 고려하면 같은 가격대에서 기능성 미네랄워터를 전개하면 신규 사업이라고 해도 셰어를 점유할 수 있다는 식으로 전략적인 스토리를 적용하는 것입니다.

피라미드 구조를 사용하라

스토리를 완전하게 구성하면서 프레젠테이션 자료를 작성해 가는데 맥킨지 식에서는 자료의 문장과 차트에도 내부 전문가의 엄격한 지도가 따릅니다. 입사 1년차도 예외는 없습니다.

제1강의에서도 나왔지만 프레젠테이션 자료를 보여주는 방식에도 맥킨지에서는 세계 공통의 법칙이 있고, 다른 사람이 만든 자료라고 해도 '이것은 무엇을 말하고 싶은가?' 하는 점을 한눈에 알 수 있게 완성되어 있지 않으면 절대로 클라이언트에게 보여줄 수 없습니다.

맥킨지에는 피라미드 구조라고 하는 스토리와 프레젠테이션 자료를 정리하는 프레임 워크가 있습니다.

「피라미드 구조의 예」

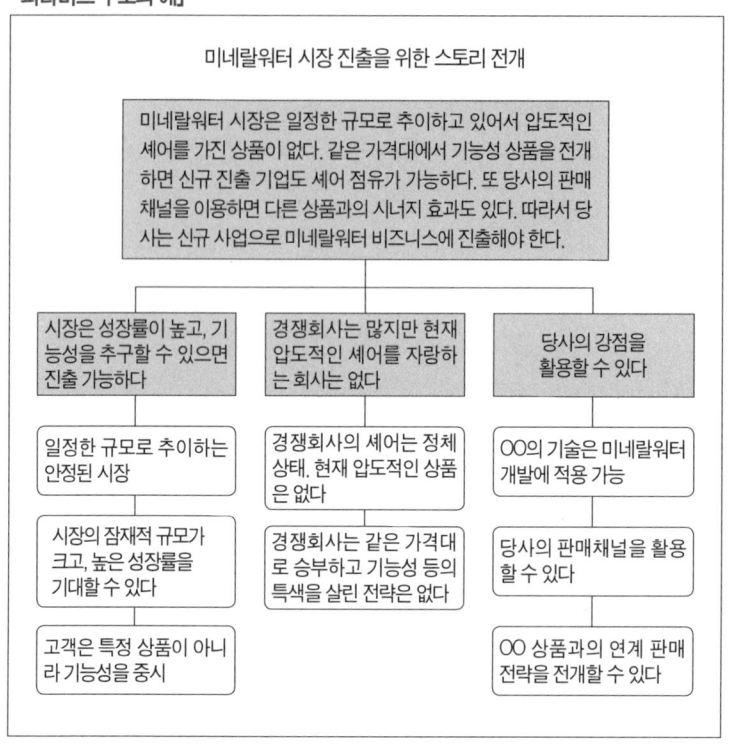

피라미드 구조에서는 보면 알 수 있듯이 반드시 바닥에는 견고한 사실(팩트)이 기둥처럼 세워져 있고 그 위에 이유가 쌓여져 있으며 정점에는 사실과 이유에서 도출한 '제안'이 있습니다.

만일 이 피라미드 구조에서 나타난 사실의 기둥이 가늘고 약하다면 분명 그 위에 있는 이유와 제안도 흔들릴 것입니다. 그렇지 않다는 점을 말이 아닌 시각적으로도 납득시킬 수 있는 것이

이 피라미드 구조입니다.

여기에서는 앞의 예에서 든 '생수를 판다.'고 하는 비즈니스 스토리를 피라미드 구조로 전개해보았습니다. 이런 식으로 정리해보면 왜 '생수를 파는' 비즈니스에 진출해야 하는지 논리적으로 납득할 수 있는 스토리 전개가 되어 있습니다.

논리적으로 설명하기 위해 주의를 기울이고 있는데 잘되지 않아서 고민하는 사람도 있습니다.

그런 사람이 빠지기 쉬운 것이 지나치게 논리적으로 설명하기 위해 복잡해져서 결국 무슨 말을 하고 싶은지 자신도 알 수 없게 되는 경우입니다.

프레젠테이션 자료의 설명문이나 스토리에서도 우선 '무엇을 말하고 싶은가.'를 최대 100자 이내로 정리해보도록 합니다. 트위터가 최대 140자이니까 다른 사람이 빠르게 한 번 훑어볼 수 있는 분량으로 하는 것입니다.

포인트는 전달하고 싶은 한 문장 속에 '쓸데없는 설명이나 변명'은 넣지 않는 것입니다. 보통 잘 전달할 수 있을까 불안한 마음이 들어서 설명이나 변명을 넣고 싶은 마음이 들지만 꾹 참아야 합니다.

설명과 변명을 생각하기 시작하면 다시 그 시점에서 '무엇을 말하려고 하는가.'가 어긋나기 시작하기 때문입니다.

상대가 아직 '어떻게 하고 싶다.'라고 하는 것도 정하지 않았는데 너무 앞서가서 쓸데없는 설명이나 변명을 하는 것은 의미가 없습니다. 상대를 혼란하게 만들 요소는 가능한 한 넣지 않는 것이 좋은 프레젠테이션 자료입니다.

그리고 추상적이 아닌 구체적인 표현을 사용하는 점도 중요합니다.

예를 들어 '참신한 전력을 계획하는 것이 성공의 열쇠'라고 말하고 싶다면 참신한 전략이라는 표현 대신 참신한 전략이란 무엇인가를 짧고 구체적으로 전달하는 것이 중요합니다. 참신함이란 전혀 생각하지 않았던 새로운 고객층인지, 새로운 판매방법인지, 참신함이라고 해도 여러 가지 가능성이 있습니다. 어떤 참신함인지 구체적으로 표시해야 합니다. 그렇지 않으면 클라이언트의 마음을 움직일 수 없습니다.

하늘·비·우산의 로직을 전달한다

　말하고 싶은 한 문장이 정해지면 거기에서 스토리가 시작됩니다. 그때의 기본은 '하늘 → 비 → 우산'의 로직으로 스토리를 구성하는 것입니다.

　가령 '외출을 할 때 우산을 가지고 가십시오.'라는 것이 가장 전하고 싶은 내용이라고 가정합시다. 전달하고 싶은 내용을 상대에게 납득시키는 로직을 전개하는 것이 포인트입니다.

　그다음에 필요한 것은 '왜, 우산을 가져가야 하는가?'라고 하는 이유입니다. 하늘이 갑자기 어두워지고 검은 구름이 하늘을 가득 메우고 있어서 우산이 필요하다는 로직입니다.

　즉 전달하고 싶은 스토리는 '하늘에 검은 구름이 깔려 있다. 따라서 비가 내릴 가능성이 높다. 그래서 우산을 가져가야 한다.'입니다.

앞에서 처음의 '가장 전달하고 싶은 문장'에는 불필요한 설명과 변명을 넣지 말라고 했는데 중요한 것은 '상대가 확실하게 우산을 가지고 외출하게 한다.'라는 점입니다. 그런데 처음에 "오랫동안 하늘의 상태를 관찰해온 경험이 있고 이런 검은 구름이 하늘에 떠 있으면……"과 같은 불필요한 설명을 하면 상대가 바쁜 경우라면 "지금 그런 말을 들을 시간이 없으니, 나중에……." 하고 NO라고 말을 할지 모릅니다.

전달하려고 하는 메시지 자체는 상대에게 메리트가 되는데 상대에게 부담을 주거나 혼란스럽게 해서 중요한 사항을 전달하지 못하는 것은 너무 안타까운 일입니다.

이유의 부분에서도 요령이 없는 설명과 비논리적인 말을 하는 것은 피하는 것이 현명합니다.

"제가 우산을 들고 외출하면 항상 날이 맑고 우산을 가지고 나가면 비가 내립니다."라고 하는 이유는 친구와의 대화에서는 괜찮지만 합리적인 로직에서는 성립하지 않습니다.

누구에게나 적용될 수 있는 근거가 있는 이유로 로직을 성립하는 것이 조건입니다.

'하늘 → 비 → 우산'의 프레임 워크를 사용하면 확실하게 충족시킬 수 있습니다. 전달하고 싶은 스토리를 생각할 때에는 이 '하늘→비→우산'을 항상 고려해서 스토리를 구성해야 합니다.

그런데 왜 이런 논리적인 프레젠테이션을 할 필요가 있을까요? 그 이유 중 하나는 클라이언트가 알기 쉽게 납득시키기 위한 점, 그리고 아이디어의 실현 여부, 즉 단순한 기대가 아니라 실현 가능한 것인가를 가늠해보기 위해서이기도 합니다.

수많은 물건과 서비스가 넘쳐나는 시대에 '이런 물건이 부족하니 있으면 좋겠다.' 혹은 '이런 것을 만들면 사겠다.'라고 하는 물건은 거의 없습니다. 그렇다고 해서 막연한 기대감만으로는 팔리는 상품과 서비스로 연결되지 않습니다.

하지만 그런 시대 속에서도 아이폰처럼 누군가 원한 것이 아닌데도 모두가 원하는 물건이 태어나기도 합니다.

현재 눈앞에 소비자가 없어도 하늘 모습을 보고 비가 내릴 것을 예상해서 앞으로 우산이 필요해질 것을 예측할 수 있는, 논리적으로 미래를 읽어내는 힘이 필요한 것입니다.

메시지를 결정화하라

클라이언트의 눈을 빛나게 하는 프레젠테이션이 있습니다.

어떤 프레젠테이션인가 하면 말 그대로 전달하고자 하는 메시지가 결정화된 프레젠테이션입니다. 반대로 클라이언트의 반응이 무거운 프레젠테이션은 전달하고자 하는 메시지도 모호하고 프레젠테이션 자체에서도 힘을 느낄 수 없습니다.

메시지가 모호하고 힘을 느낄 수 없다는 것은 질문의 핵심을 파악하지 못한 채 다양한 정보와 분석만 장황하게 열거되어 있고 정말로 전달하고 싶은 점이 명확하지 않은, 이른바 결정이 되기 전의 불안정한 상태라는 것입니다. 메시지가 결정화되어 있지 않다는 것은 사고를 깊게 해서 올바른 질문과 본질을 발견하지 못했다는 뜻입니다.

어떻게 하면 사고를 깊게 하는 작업이 가능한가. 실은 그 열쇠를 쥐고 있는 것은 모국어의 능력입니다.

어느 나라 언어라도 평소에 모국어를 사용하고 그 나라에서 통용되는 사고를 하는 것이 질문의 핵심에 다가가기 위해서 중요합니다. 그렇지 않고 새로운 업무 기술과 프레임 워크만 기억해서 사용하려고 해도 '몸에 맞지 않는 옷을 입은 것'처럼 불편하고 어울리지 않을 것입니다.

맥킨지 식 '문제해결'의 기술을 능숙하게 사용하기 위한 전제로써 언어능력의 깊이가 요구되는 것은 피할 수 없습니다.

그렇기 때문에 전통의 고전 명작과 같은 양서를 읽거나 의식적으로 모국어의 아름다움을 접할 수 있는 기회를 늘리면서 사용할 수 있는 어휘력의 양을 풍요롭게 해야 합니다.

예를 들어 모국어의 아름다움을 느낄 수 있는 책을 낭독하는 방법도 아주 효과적입니다. 눈과 귀라는 시각과 청각으로 뇌에 인풋되고 사고를 깊게 하는 데 도움을 줍니다.

그리고 평소에 전자사전을 가지고 다니면서 자주 사용하는 모국어나 처음 보는 어휘의 의미와 정의를 찾아보도록 합니다. 그러면 구사할 수 있는 모국어의 폭이 넓어지고 사고가 깊어질 것입니다.

사고를 깊게 하기 위해서 독서에 국한하지 않고 다양한 방법을 활용할 수 있습니다.

  이 책에서도 곳곳에 소개한 것처럼 사고를 깊게 하고 전달하고 싶은 메시지를 결정화시키기 위해 일상생활 속에서 사용할 수 있는 연습방법이 많이 있습니다.

1차트, 1메시지

맥킨지의 프레젠테이션 자료를 본 적이 있는 분이 얼마나 있을까요. 여기에서 보여드리는 것은 실제로 사용하는 것이 아니라 샘플(클라이언트의 기밀은 엄격하게 보호되고 있습니다.)이지만 맥킨지의 프레젠테이션 자료의 내용과 형식에서 거의 다를 바 없습니다.

한눈에 보더라도 일목요연하고 아주 심플합니다.
기본은 '1차트, 1메시지.'
결정화된 '이것!'이라고 하는 것이 나올 때까지 철저하게 조사한 하나의 메시지와 관련 사항이 간결하게 설명되어 있는 하나의 차트입니다.

「1차트, 1메시지의 기본」

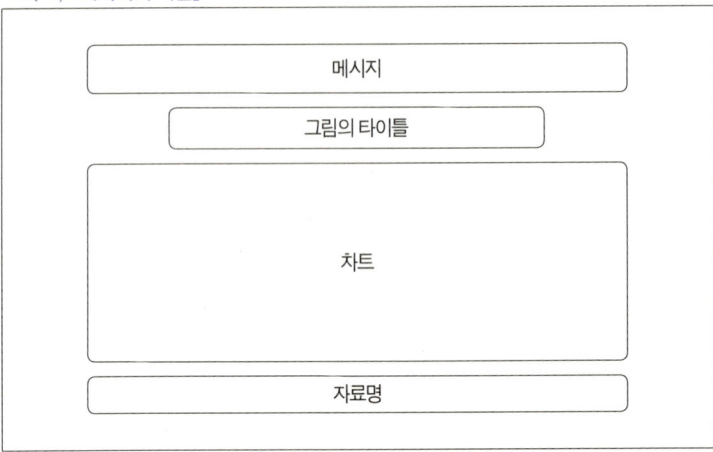

「1차트, 1메시지의 예」

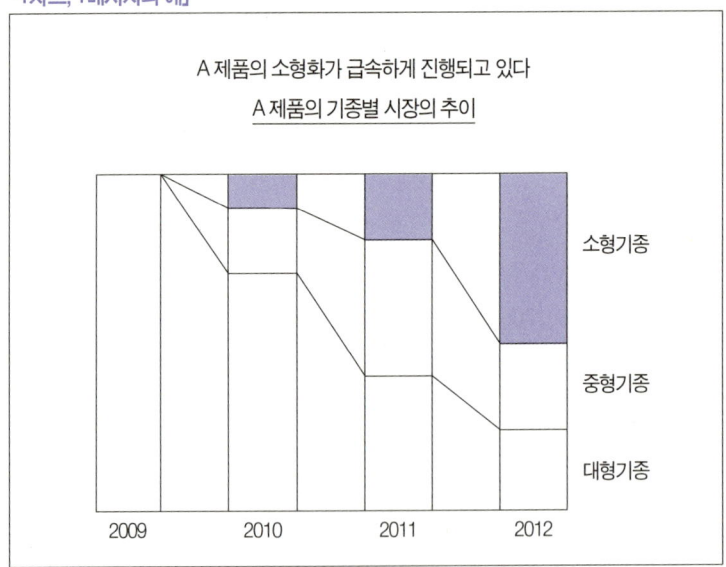

이렇게 심플하고 강한 메시지만이 클라이언트를 움직일 수 있는 힘을 지닐수 있습니다.

말하고 싶은 내용이 많아서 도저히 하나로 요약할 수 없는 자료를 종종 보게 되는데 그런 상태로는 결국 아무런 메시도 전달할 수 없습니다. 잠깐 생각해보도록 하지요.

여러분이 평소에 거리를 걷고 있을 때 '공공 게시판'이나 '관공서의 광고판'을 볼 때가 있을 것입니다. 그런데 거기에 나와 있는 정보나 메시지를 떠올릴 수 있습니까? 많은 안내문과 메시지가 있지만 거의 눈에 들어오지 않습니다.

본래 게시판의 존재 자체가 그다지 사람들의 시선과 관심을 끌지 못하는 이유도 있을 것입니다. 그럼 지하철 안의 광고는 어떻습니까? 광고의 내용을 기억하고 있는가 하면 관심을 가지고 있던 광고가 아닌 이상 시선은 주지만 머릿속에 각인될 정도는 아닙니다.

이것은 당연한 일입니다. 왜냐 하면 결정화된, 어느 하나의 메시지만을 전달하고자 하는 의도가 없기 때문입니다.

그러나 같은 광고라고 해도 임팩트가 있는 메시지의 광고는 마음에 남습니다. 예를 들어 내셔널의 '아름다운 아가씨를 좋아하십니까?'나 샤프의 '시선이 머무는 곳은 샤프입니다.'와 같이 마음에 남는 헤드 카피의 광고를 기억하고 있는 사람도 있을 것입니다. 이것들은 읽는 사람의 마음에 전달하고자 하는 메시지를 결정화해서 전달하는 내용의 정수를 담아내고 있기 때문에 마음속에 남는 메시지가 된 것입니다.

프레젠테이션 자료에 국한하지 말고 누군가에게 무언가를 전달할 때, 메시지를 통해서 행동을 재촉하고 싶을 때에는 결정화된 메시지를 사용한다는 사실을 명심하길 바랍니다.

여러분도 알다시피 프레젠테이션 자료는 프레젠테이션을 듣는 상대에게 '어떤 의의가 있는 행동을 유발하기 위해 만드는 것'입니다. 프레젠테이션을 듣는 상대가 '구체적으로 어떤 행동을 하면 문제해결로 이어질까?' 하고 알기 쉽고 구체적으로 제시해야 합니다. 그런데 '○○를 한층 강화', '○○의 활성화를 촉진', '○○를 검토'라고 하는 말밖에 구체적인 행동계획을 제시하지 않는 것은 금물입니다.

예를 들어 '정보 수집을 강화'라고 하는 행동에 적용한다면 어떤 정보수집방법을, 어떤 얼개를 기준으로, 언제부터 어떤 체제로 실행할 것인가 하는 부분까지 명확하게 밝히지 않으면 공허한 구호로 끝나버리고, 정말로 그것으로 정보수집을 강화할 수 있는가 판단할 수 없기 때문입니다.

| 맺음말 |

작가의 이름도, 지어진 연대도 모르는데도 한눈에 보고 '좋다.', '이건 진품이다.'라고 알 수 있는 미술품이 있습니다. 실제로 조사해보니 정말로 높은 가격의 예술품으로 판명되기도 합니다.

물론 작품의 가치는 가격으로 결정되는 것은 아니지만 그런 진가를 꿰뚫어보는 안목은 미술의 세계에 국한된 것이 아니라 비즈니스와 대인관계 등 모든 경우에 필요합니다.

신규 사업 프로젝트의 선택이나 새로운 팀 멤버를 선발할 때, 혹은 투자를 결단할 때에도 가능하면 앞으로 가치가 있는 것이나 자신이 소중하게 여기고 있는 가치를 공유할 수 있는 상대를 고르고 싶기 마련입니다.

그럴 때, 이 책에서 소개한 '맥킨지의 프레임 워크'로 대표되는 사고의 무기가 도움이 되지만 그보다 더 중요한 것이 있습니다.

그것은 바로 '진품과 진품을 꿰뚫어본다.'라고 하는 것입니다.

'진품을 꿰뚫어보기 위해 사고의 무기를 사용하는 것이 아닌가?' 하고 생각할지 모르겠습니다.

맞는 생각이지만, 프레임 워크와 같은 사고의 무기는 어디까지나 업무의 질을 향상시키기 위해 사용하는 도구이지 그 자체가 가치를 꿰뚫어보거나 직접적인 가치를 생산하는 것은 아닙니다.

비싼 도구를 아무리 많이 사용해도 광맥이 있는 곳을 간파하지 못한다면 아무리 땅을 파내려가도 광맥을 찾을 수 없기 때문입니다.

맥킨지가 만들어낸 프레임 워크 등의 '도구'가 많은 비즈니스 퍼슨에게 인정을 받을 수 있었던 이유는, 맥킨지 졸업생인 저도 대단하다고 느끼고 있지만, 그 '도구'를 사용하면 바로 가치, 즉 가치가 높은 업무를 할 수 있기 때문이 아닙니다.

이 점을 착각하면 돼지 목에 진주목걸이가 되어버립니다.

그래서 '진품과 진품을 꿰뚫어본다.'라고 하는 것이 중요해지는 것인데, 사실 이것은 그다지 어려운 일은 아닙니다.

해답은 간단합니다. 좋은 것을 많이 보고 좋은 것을 접하는 것입니다. 역사의 평가를 받아온 진품을 오감을 통해 접하는 사이에 점점 '이것'이라고 하는 정수를 알 수 있게 됩니다.

그리고 진품을 꿰뚫어보는 오감을 단련해야 합니다. 그렇게 함으로써 좋은 것을 보는 감각의 감도가 좋아집니다.

미술상이나 보석상 등의 전문가도 진가를 구분하기 위해서 '계속해서 진품만 보고' 그리고 '진품에서 느껴지는 감각을 단련'해야 한다고 말합니다. 그렇게 함으로써 가짜가 섞였을 때 '뭔가 다르다.'라고 느낄 수 있다고 합니다.

저는 할아버지께서 미술애호가였던 탓에 어릴 적부터 할아버지 곁에서 순수하게 '와, 대단하다.'라고 하는 느끼는 감각을 가지고 많은 작품을 보았습니다.

특별히 미술론을 배운 것도 아니고 단지 진품을 많이 접하는 사이에 '좋은 것'이 공통적으로 지니고 있는 무언가에 반응하는 감각을 키울 수 있었던 듯합니다.

그리고 동시에 무언가에 반응하는 감각인 오감을 단련하는 것입니다. 우리들은 오감을 통해서 세계를 체험합니다. 그래서 오감이 예민해지면 자연스럽게 사고가 맑아지고 이것이 진품이지, 이것이 본질인지, 혹은 무엇이 다른지 느낄 수 있는 감각이 한층 예민해지고 단련되는 것을 느낍니다.

그런 의미에서 맥킨지 시절부터 자연과 가깝게 지내거나 선배에게 배운 명상이나 요가를 하면서 마음의 조용함을 체험함으로써 오감이 단련되어져 왔다고 생각합니다.

실은 그러한 '이것이다!'라고 하는 감각, 이곳을 계속 파내려 가면 무언가를 발견할 수 있지 않을까 하는 감각을 단련한 점이 맥킨지에서 배운 평생 사용할 수 있는 재산일지 모릅니다.

    이러한 감각이 있기 때문에 맥킨지 식 문제해결의 기술이 빛을 발하는 것이라고 진심으로 생각합니다.

    이 책이 여러분에게 '맥킨지 식 문제해결'을 익히고 자신의 힘으로 가치가 있는 것을 발견하고 보다 빛나는 인생을 만들어가기 위한 감각을 연마하는 계기로 이어진다면 그보다 기쁜 일은 없을 것입니다.

오시마 사치요

참고문헌
'운이 좋은 사람의 뇌과학', 구로가와 이호코, 신쵸 문고